Für Klaus(-Dieter), der womöglich alle meine Bücher nicht gelesen hat.

periplaneta

ROBERT RESCUE: „Das ist alles 1:1 erfunden“
2. Auflage, Februar 2023, Periplaneta Berlin, Edition MundWerk

Inh. Marion Alexa Müller, Bornholmer Str. 81a, 10439 Berlin
www.periplaneta.com

Lektorat: Marion A. Müller
Satz & Layout: Thomas Manegold
Cover: Marion A. Müller / Thomas Manegold (with a little help from pixabay)

Gedruckt und gebunden in Deutschland
Gedruckt auf FSC- und PEFC-zertifiziertem Werkdruckpapier

print ISBN: 978-3-95996-071-7
epub ISBN: 978-3-95996-072-4

Robert Rescue

DAS IST ALLES EINS ZU EINS ERFUNDEN

periplaneta

DER RUF DER WEITEN WELT

Es war ein verwegener Plan, den Klaus-Dieter und ich damals gefasst hatten. Das Elternhaus zu verlassen, ist wahrlich eine wichtige Entscheidung im Leben eines jeden Menschen, doch in der Regel fasst man diesen Entschluss erst mit sechzehn oder achtzehn Jahren. Klaus-Dieter und ich dagegen kamen im Alter von fünf Jahren auf diese Idee.

Meiner Erinnerung nach war der Auslöser eine banale Verspätung. Wir sollten um fünfzehn Uhr zuhause sein, aber wir vertrödelten den Nachmittag im Wald, wo wir einen Bach stauten und aus Ästen und morschen Stämmen eine Hütte bauten.

Eine Uhr trugen wir beide nicht, doch wir sahen am Stand der Sommersonne, wie spät es in etwa war. Wohl drohte uns Krach mit unseren Müttern, aber außer einer Standpauke und vielleicht zwei Tagen Hausarrest fürchteten wir keinen weiteren Ärger. Vielleicht aber täusche ich mich, und es war genau umgekehrt. Womöglich gab es doch eine Vorgeschichte und wir trödelten nur, um nicht nach Hause gehen zu müssen. Das wäre eine Erklärung, warum wir uns zu diesem tollkühnen Plan entschlossen.

Wir saßen auf einer Wiese in der Nähe des Kindergartens, der am nördlichen Stadtrand nahe am Wald lag. Lebhaft erzählten wir uns, wie wir uns die Zukunft vorstellten und aus allerlei Albernheiten entfaltete sich eine Idee, die wir schließlich bis ins Detail ausarbeiteten. Wir wollten die Kleinstadt Nassau an der Lahn verlassen und bei einem Wanderzirkus als Artisten anheuern.

Wir waren beide große Fans des Zirkus. Wann immer ein solcher seine Zelte auf der großen Wiese am Kaltbach aufschlug, drängten wir unsere Eltern oder Brüder dazu, mit uns so viele

Vorstellungen wie möglich zu besuchen. Wir stellten uns jedes Mal vor, wie viel die Artisten gesehen, in wie vielen Ländern sie aufgetreten waren und bestimmt haben wir davon geträumt, ihnen zu folgen. Wir wollten auch Künstler werden.

Also verließen wir den Rasen und betraten die Straße, die an der Wiese entlangführte. Unser Ziel war zunächst die Hohe Lay, ein Felsmassiv, das oberhalb der Lahn thronte. Daran vorbei wollten wir zum Dorf Winden, das im Westerwald lag. Beide Ziele waren schon eine Reise und ein Abenteuer, doch unser Ziel lag irgendwo dahinter, weit hinter dem Horizont, in einem anderen Land oder zumindest in einer anderen Stadt.

Ich glaube mich zu erinnern, wie wir Schritt für Schritt die Straße langgingen und uns an den Händen hielten, wohl, weil wir unschlüssig waren, ob wir das wirklich tun sollten und uns gegenseitig anspornen wollten, als plötzlich von hinten unsere Namen gerufen wurden. Wir blieben stehen und drehten uns um. Andreas, der ältere Bruder von Klaus-Dieter und Frank, mein ältester Bruder, liefen auf uns zu, und als sie uns erreicht hatten, packten sie uns an den Armen und schimpften uns aus. Unsere Eltern hatten sie losgeschickt, uns zu suchen. Sie führten uns ohne Gegenwehr nach Hause. Unser großartiger Plan war damit gescheitert.

Es dauerte etwa elf Jahre, bis Klaus-Dieter einen neuen Anlauf startete. Er begann eine Lehre bei Hoechst in Frankfurt/Main und danach zog es ihn zum Studium nach Krefeld, wo er heute lebt und sein Geld mit Webdesign, Internet-Handel und Fotografie verdient. Ich ließ mir noch ein paar Jahre Zeit und verließ erst mit dreiundzwanzig die Kleinstadt, um in Berlin als Journalist und Autor mein Glück zu finden.

Lange hatten wir uns aus den Augen verloren, bis wir uns irgendwann bei Facebook wiederfanden.

„Weißt du noch, als wir damals mit fünf an einem Sommernachmittag beschlossen hatten, Artisten zu werden?“, frage ich Klaus-Dieter in einer Chatnachricht.

Klaus-Dieter schreibt in seiner Antwort, dass wir den Plan bereits morgens im Kindergarten besprochen und unser Milchgeld an diesem Tag nicht ausgegeben hätten.

Es ist natürlich ein Ausdruck kindlicher Naivität zu glauben, wir hätten mit fünfzig Pfennig oder einer Mark das Startkapital für ein neues, anderes Leben zusammengehabt.

Wie kann er sich an ein solches Detail noch erinnern? Hat er von frühester Jugend an Tagebuch geführt?! Manchmal kommt es mir so vor, als wäre ich beim Großteil meines Lebens nicht voll und ganz anwesend gewesen.

Klaus-Dieter berichtet mir, dass er seit zwanzig Jahren mit seinem Bruder kein Wort mehr gewechselt habe und ich pflege zu meinem ältesten ebenfalls keinen Kontakt mehr. Kann es sein, dass wir unterbewusst bis heute unseren Brüdern sauer sind, dass sie unseren Plan vereitelt haben?

Zum Schluss schreibt mein Kinder- und Jugendfreund: „So oder so, aus unserer Artisten-Karriere ist nicht viel geworden."

Der Satz hallt lange in mir nach.

AUFSTEIGENDER NEBEL AM FRÜHEN MORGEN

„Tachchen. Firma Lahmer."

Halb angezogen stehe ich in der Tür. Vor drei Minuten klingelte der Wecker, vor zwei Minuten die Handwerker unten an der Haustür.

„Sie sollten erst um elf Uhr beziehungsweise ab elf Uhr kommen. Jetzt ist es neun Uhr fünfzig. Hallo." Wieder so ein Moment, in dem ich das übliche Prozedere, erst zu grüßen und dann Anmerkungen vorzubringen, umdrehe. Aber ich habe einen Grund dafür, schließlich hatte ich mit dem Chef der beiden einen Termin ausgemacht, auf den ich mich eingestellt habe. Aber ich sollte es langsam mal lernen. Für Monteure sind Verabredungen nur Floskeln, über die man am Telefon spricht und danach vergisst. Sie glauben, ihre Kunden stünden ab dem frühen Morgen gespannt wie ein Flitzebogen neben dem Türöffner.

Der eine Handwerker schaut kurz auf die Mappe mit dem Arbeitsauftrag und sagt dann: „Davon wussten wir nichts."

Jaja, Standardargument. Wegschicken kann ich sie nicht, dann kommen sie womöglich nicht wieder, also halte ich ihnen die Tür auf.

Zwei Tage zuvor war eine Sanitärfirma da gewesen, um eine Bleileitung ausfindig zu machen und zu ersetzen. Zuerst gingen sie zur Toilette, hielten dort einen kleinen Plastikbecher in das Wasser und tranken einen Schluck.

„Hier ist sie nicht", sagte der Handwerker dann. Anschließend wiederholten sie die Prozedur an der Spüle. Der Monteur verzog das Gesicht, schüttelte sich und spuckte das Wasser aus. „Boah, das ist ja widerlich“, hatte er gerufen.

„Also mir ist nie was aufgefallen“, erklärte ich.

„Ja, kein Wunder, Sie trinken das Zeug ja schon seit Jahren. Das ganze Blei hat Ihre Geschmacksnerven zerstört und sich obendrein so in Ihrem Körper angereichert, dass ich Ihnen nicht mehr lange gebe.“

Eigentlich hatte die Hausverwaltung die Sanierung der Bleileitungen im Haus vor drei Jahren für beendet erklärt, aber offensichtlich wurden immer wieder Rohre gefunden. Auf jeden Fall musste die Firma die Fliesen an meiner Spüle an der linken Wandseite aufstemmen, um die alte Leitung abzuklemmen und eine neue zu legen. Das Loch aber wieder zu schließen, dafür fühlte sich diese Firma nicht zuständig, das musste eine andere machen. Außerdem sollte diese dann auch im ehemaligen Außenklo, eine halbe Treppe tiefer, irgendwas malern oder verputzen.

Die zwei Handwerker der Firma Lahmer machen sich nun in meiner Küche breit. Der mit der weißen Latzhose nimmt einen Hammer und einen Meißel und beseitigt die überstehenden Reste der zerstörten Fliesen. Dann sagt der mit der schwarzen Latzhose, dass er jetzt übernimmt und der andere sich um das Außenklo kümmern soll.

Der Weiße verlässt die Wohnung.

Anfangs stehe ich noch in der Küche und schaue dem Handwerker bei der Arbeit zu. Wenn Monteure in der Wohnung sind, macht man nicht die Dinge, die man sonst so macht – also am Computer arbeiten, Fernsehen oder Geschlechtsverkehr. Man fühlt sich verpflichtet, ihre Arbeit irgendwie zu begleiten, sie zu beobachten oder parat zu stehen, falls sie irgendwas brauchen. Hin und wieder sagt man etwas und bekommt einsilbige Antworten. Also verlasse ich den Raum schließlich und überlege, was ich machen soll. Gerne würde ich den Regalturm in der Küche abräumen und saubermachen, eine Arbeit, die ich seit Monaten vor mir herschiebe. Aber das geht ja grade nicht, weil kein Platz ist. Also entscheide ich mich, meine Unterhemden zu sortieren nach „gut zu tragen", „weniger gut" und „kann weg". Nach einer viertel Stunde bin ich damit fertig. Was jetzt?

Ich gehe wieder in die Küche.

„Ich nehme mal an, die kaputten Fliesen können Sie nicht eins zu eins ersetzen, oder?", frage ich in Richtung Spüle. Ich habe die plötzliche Sorge, dass die neuen Fliesen farblich überhaupt nicht zu den alten passen. Obwohl mir das bei dem Zustand meiner seit Jahren nicht sanierten Wohnung eigentlich egal sein könnte.

„Nee, das geht nicht", höre ich. „Die da sind ziemlich alt. Ich schätze, frühe Siebziger Jahre. Vermutlich aus der Schule von van Kock aus Holland, Wanne-Eickel-Biedermeier oder Steglitzer Barock. Ich tippe auf Letzteres. Im Baumarkt kriegen Sie so was nicht mehr."

Ich verlasse wieder die Küche und gieße Blumen. Der Handwerker kommt hinterher. „Ich schneide die Fliesen unten am Wagen zu. Dann brauche ich nicht die Maschine hoch zu schleppen." Er zeigt mir die mitgebrachten Fliesen. Es sind weiße.

Oh Gott, da sieht man doch jeden Fleck drauf, vor allem Kalk!

Meinen entsetzten Gesichtsausdruck weiß er richtig zu deuten.

„Ich schaue mal, ob ich noch andere habe, die vielleicht besser mit den alten harmonisieren. Mit weißen kann man laut Farbenlehre eigentlich nichts falsch machen. Ihre sind jadegrün mit weißen Schleiern drin. Das würde gehen, aber mal schauen."

Ich gieße noch mal die Blumen. Danach staubsauge ich.

Der Handwerker kommt zurück und verschwindet wieder in der Küche. Ich sortiere einen Karton mit alten Briefen und Postkarten. Zunächst stopfe ich alles von vor 2005 in eine Tüte. Dann wird mir klar, dass ich in die Schachtel ohnehin nie mehr reinschauen werde, also versenke ich den ganzen Karton in der Tüte.

Dann gehe ich zurück in die Küche. Der Handwerker legt gerade letzte Hand an und dichtet die Fugen ab. Er hat graue Fliesen genommen, um Himmels willen! Die sind ja noch furchtbarer als die weißen.

„Können Sie die bitte wieder abmachen?", stammele ich. „Der Anblick beleidigt mein ästhetisches Gefühl."

„Das geht nicht", antwortet der Monteur. „Wir haben nur weiße und graue. Wenn wir sämtliche Fliesen hier in der Küche ersetzen würden, dann hätten Sie vielleicht ein Mitspracherecht, was das Muster oder die Farbe angeht, aber so nicht."

„Oh Gott", rufe ich. „Ich werde jedes Mal, wenn ich künftig die Küche betrete, einen Schock bekommen!"

Der Handwerker seufzt, legt die Silikonkartusche auf die Spüle und stellt sich neben mich.

„Schauen Sie doch mal genau hin", fordert er mich auf. „Die grauen Fliesen am linken Rand erscheinen, bei einer poetischen Betrachtung der Komposition, wie ein morgendlicher Nebel, der über einem Meer emporsteigt."

„Jaaaa, unter Umständen mit ganz viel Vorstellungskraft", sage ich zögernd, bin aber noch nicht überzeugt.

„Die grünen Fliesen", fährt der Handwerker fort, „erscheinen in der Wahrnehmung des Betrachters wie ein Meer. Kennen Sie die Adria?"

Ich nicke.

„Dann haben Sie sie sicherlich auch schon bei strahlendem Sonnenschein gesehen, am frühen Morgen, wenn der Mensch noch nicht regsam und die Natur mit sich allein ist."

„Sie haben recht. Jetzt sehe ich es auch."

„Die weißen Schwaden in den Fliesen sind Cirrocumulus-Wolken, die über den Strand hinwegziehen, raus auf die offene See, wo sie sich gemeinsam mit dem Nebel auflösen und einen Sommertag versprechen, wie ihn die Natur nicht alle Tage bietet."

„In der Tat“, sage ich. „Das ist ein außerordentlich poetisches Bild, das Sie da zeichnen. Sehr schön, ich bin begeistert. Sie haben gute Arbeit geleistet. Die neue Farbe verändert das zuvor einfarbige, eintönige Fliesenensemble, das so keinerlei künstlerischen Erkennungswert zuließ.“

Der Handwerker sagt nichts dazu, sondern packt sein Material und verlässt die Wohnung.

Eine halbe Treppe tiefer steht er bei seinem Kollegen. „Und? Musstest du wieder eine Story erzählen?“, fragt dieser.

„Ja, die mit dem Nebel und dem Meer. Fiel mir aber leicht wegen der grünen Fliesen.“

„Welche Geschichte erzählst du den Leuten eigentlich bei Blümchenmustern?“

„Die mit der Wiese, dem Sommer und dem Nebel. Nebel habe ich immer drin, das weckt bei den Leuten immer irgendwelche Gefühle.“

ABGESANG AUF DIE SCHOKOHERZEN

07. Mai 2017:

Tue es nicht, mahnte die innere Stimme, du wirst es bereuen und dein Geld verlieren. Es war nicht so, dass ich mich gerade zum Online Poker mit echtem Geld anmeldete oder meiner nigerianischen Tante mein gesamtes Vermögen überwies, nein, es war schlimmer: Ich buchte bei Air Berlin zwei Flüge für den November.

Die ersten Berichte, dass sich das Unternehmen im Sturzflug befand, waren mir bekannt, aber ich dachte, pleite geht der Laden bestimmt nicht. Nicht Air Berlin, *die* Berliner Fluggesellschaft, der Stolz der Stadt. Etihad Airways aus den Vereinigten Arabischen Emiraten pumpte bereits seit längerem Geld in die Airline, aber das schien mir bei einem Berliner Unternehmen folgerichtig. Außerdem: Die Emirati hatten doch viele Petrodollar, die würden Air Berlin die nächsten hundertfünfzig Jahre in der Luft halten. Mit dem reizvollen, aber blödsinnigen Gedanken „No risk, no fun" drückte ich auf den „Buchung bestätigen"-Button.

15. August 2017:

Der vom Bundeswirtschaftsministerium genehmigte Brückenkredit soll den Flugbetrieb für drei Monate sicherstellen. Ich fange an zu rechnen: 15. August bis 15. September, 15. September bis 15. Oktober, 15. Oktober bis 15. November. Mein Flug nach Bonn und die Rückreise von Frankfurt sind am 11., beziehungsweise am 13. November.

Ich bin erleichtert.

Aber wie wird der Flug nach Bonn aussehen? Werden wir alle stehen müssen, weil es keine Sitze mehr gibt? Müssen wir uns bei Start und Landung aneinander festhalten, weil auch die Gurte bereits bei eBay an Sammler verkauft worden sind? Was passiert, wenn wir die Maschine verlassen? Wird der Airbus zur Schrottpresse gerollt oder einfach gesprengt?

Eine Woche später, vom 19. November bis 21. November, heißt mein Flugziel München. Ab wann genau beginnt der Brückenkredit denn? Ende August bis Ende November? Nervös studiere ich die Nachrichten, finde aber keinen Hinweis. Kann ich stornieren? Keine konkrete Aussage. Die Emirati, so lese ich, haben monatlich fünfzig Millionen überwiesen, um Air Berlin lebensfähig zu halten. Also gehe ich davon aus, dass sie freundlicherweise für August noch gezahlt haben. Dann wäre ich sicher. Wenn ich nicht stornieren kann, weil vermutlich auch kein Geld da ist, das die Fluglinie mir zurückzahlen kann, dann bliebe nur die Möglichkeit, meine Ansprüche gegenüber der Konkursmasse geltend zu machen.

Ich verstehe nichts von Insolvenzrecht, aber ich kann mir denken, dass niemand außer mir ein Interesse daran haben wird, dass ich mein Geld zurückbekomme.

Also bleibt mir nur eins: die E-Mail mit dem PDF zu löschen oder, wenn ich es dramatisch mag, die E-Mail auszudrucken, mir daraus einen Papierflieger zu basteln und ihn anzuzünden. Danach reiße ich das Fenster auf und brülle eine halbe Stunde lang den Hinterhof der Lüderitzstraße 6 an.

Wird die Lufthansa die Start- und Landerechte, die sogenannten Slots, von Air Berlin in München übernehmen? Wohl kaum, denn sie fliegt ja selbst dorthin. Aber sollte Lufthansa sich nicht der gesellschaftlichen Verpflichtung stellen – zum Wohle aller Deppen, die noch im Mai oder Juli Flüge mit Air Berlin gebucht haben – und kulant Maschinen einsetzen, damit die Hornochsen ihr Flugziel ohne allzu große finanzielle

Verluste erreichen können? Sollten sie, meiner aufrichtigen Meinung nach, und sie sollten dafür ein Denkmal bekommen, ein großes nationales Denkmal, ja quasi ein Heiligtum, zu dem ich – jetzt schon versprochen – einmal im Jahr pilgern werde, um Blumen des Dankes niederzulegen vor den Standbildern des Vorstandes. Ich werde Tränen der Erleichterung weinen, dass sie mich davor bewahrt haben, acht Stunden in einem stickigen Flixbus verbringen zu müssen.

Und der Flughafen BER sollte nach der Lufthansa benannt werden, denn was wären die Verdienste von Willy Brandt gegen das, was diese Fluggesellschaft für die Luftfahrt in Berlin dann tut? Doch die Lufthansa wird das Angebot diplomatisch, aber bestimmt ablehnen.

Der BER, jener von allen erdenklichen Göttern verfluchte Acker, auf dem einfach kein Flughafen gedeihen will. Der August 2017 wird in die Geschichte der Berliner Luftfahrt als jener Monat eingehen, in dem endgültig alle Träume von Berlins aeronautischer Glanz und Gloria enden werden.

Die Flughafengesellschaft Berlin-Brandenburg hat sich in Sachen Air Berlin umsichtig verhalten, ist in den Nachrichten zu lesen. Schon länger ließ sich die FBB von der angeschlagenen Airline die Rechnungen sofort bezahlen oder erbrachte Leistungen nur gegen Vorkasse. Interessant, ein kriselndes Unternehmen misstraut dem anderen kriselnden Unternehmen. Eine Konstellation, die wohl nur in Berlin existieren dürfte.

Die FBB hat aber andere Sorgen: Der BER wird nämlich nicht fertig. Noch in diesem Jahr wird ein neuer Eröffnungstermin genannt, was die FBB zur Erheiterung der Weltbevölkerung – die Berliner ausgenommen – eigentlich mit einer öffentlichen Präsentation zelebrieren sollte. Das Ganze in etwa so wie bei einer Präsentation von Apple. Nur kürzer und mit langen Gesichtern.

2018 wird er wohl fertig, so heißt es jetzt, aber dann vergeht noch ein ganzes Jahr mit der Abnahme. Die Rauchmelder, die Lüftung und die Türen müssen auf ihre ordnungsgemäße Funktion hin getestet werden, außerdem müssen die Gleise der längst fertigen S-Bahn-Verbindung per Hand nachgeschliffen werden und das über die Strecke vom Südkreuz bis nach Schönefeld.

Aber jetzt droht woanders Ungemach. Der Flughafen Tegel ist nämlich marode. Man könnte sagen, er wird nur noch durch Gaffer Tape zusammengehalten.

Die letzten Jahre wurden die Mittel zur Instandsetzung klein gehalten, weil man ja davon ausging, dass Tegel schließt, wenn der BER eröffnet. Eine Sanierung ist mittlerweile dringend nötig, aber wenn man den *gesamten* Flugverkehr vorübergehend umleitet zu diesem Ding da im Süden, dieses potemkinsche Dorf von Flughafen namens Schönefeld, wer soll dann dort noch starten und landen können? Da ist doch gar kein Platz für so viele Airlines. Gut, Air Berlin ist dann nicht mehr dabei, das ist schon einmal eine gute Nachricht. Aber Schönefeld ist doch kein Flughafen. Es gibt nur *einen* Zeitschriftenkiosk dort. Und der hat Platz für drei Personen gleichzeitig.

Und dann gibt es noch den Volksentscheid über die Schließung oder die Offenhaltung von Tegel, der zeitgleich mit der Bundestagswahl stattfindet. Eine hochemotionale Angelegenheit, bei der man sich genau überlegen muss, mit wem man darüber spricht, denn die Frage „schließen oder offenlassen" spaltet Familien, Beziehungen und Freundschaften.

Viele Nordberliner wollen ihn wegen des Lärms und der Absturzgefahr zumachen, andere – und das sind zumeist auch Nordberliner – wollen ihn aus Bequemlichkeit behalten. Wenn man mit U-Bahn und Bus gerade mal zwanzig Minuten zum Check-In benötigt, dann arrangiert man sich schon mal mit dem Fluglärm.

Sind denn die Nordberliner, die ihn schließen wollen, schon mal von dem Ding da im Süden geflogen?

Die Gemengelage ist also folgende: Der BER macht wohl im Herbst 2019 auf. Sollte das Volksbegehren erfolgreich für die eine Seite verlaufen, dann schließt Tegel sechs Monate nach Eröffnung des BER, also im Frühjahr 2020.

Wenn alle Stricke reißen, und das ist bei der Berliner Politik bezüglich des Luftverkehrs beinahe zu erwarten, dann öffnet und schließt gar nichts mehr und der Tower von Tegel stürzt, als Zeichen des Niedergangs, ein. Wenn das passiert, kommt immer noch der Flughafen Eberswalde als Ersatz für Tegel in Frage. Er liegt mit fünfundfünfzig Kilometern Entfernung schön weit weg von Berlin und der Tower ist richtig süß, weil quasi ein Bahnwärterhäuschen.

20. August 2017:

Auf eBay werden die ersten Schokoherzen von Air Berlin feilgeboten. Stolze zweihundertzwanzig Euro werden dafür verlangt. Das ist das Doppelte von dem, was ich für mein Flugticket nach München bezahlt habe. Ich habe die beim Ausstieg immer verschmäht. Ich weiß nicht, warum. Wahrscheinlich, weil ich ein berühmter Vorlesekünstler bin, der es nach der Landung immer eilig hatte, zu den Auftritten zu gelangen, um vor Zehntausenden Fans seine unterhaltsamen Texte vorzulesen.

Ich hätte in der Vergangenheit einiges anders machen sollen, denke ich mir und tröste mich mit dem naiven Gedanken, dass es wohl manchem Entscheidungsträger in Berlin ebenso ergeht.

EURE GESCHICHTEN SIND EIN BUCH WERT

Die Firma Zapptales wirbt damit, WhatsApp- oder Facebook-Chats als Buch zu drucken – als individuelles Geschenk für Freunde.

Warum sollte das jemand tun? Fünfundneunzig Prozent aller Chatnachrichten bestehen doch aus Information wie: „Bin gleich da", „Komme später", „Ich muss leider absagen", oder anderen gehaltlosen Bekundungen wie: „Anbei ein Dick Pic", „Der Film ist voll toll, Süße", „Brauchst mir nichts sagen, schreib einfach", und: „Ich muss dir ehrlich gestehen, dass du immer meine große Liebe sein wirst und die Trennung von dir vor zwei Jahren der größte Fehler meines Lebens war. Ich wünschte, ich könnte die Zeit zurückdrehen. Es ist drei Uhr morgens und ich komme gerade von einem gemeinsamen Abend mit Ben, Lars und Ole und die ganze Zeit warst du bei mir in meinem Herzen. Ich vergehe vor Liebe zu dir, dein Paul."

Oder die weniger romantische Variante: „Ey Alte, bin grad voll geil und total auf ficki-ficki! Mit dir war es am geilsten. Biste noch wach? Ich könnte gleich rumkommen und dann besorge ich es dir wie Zeus dem Thor."

Dazu kommen noch Bilder. Bilder von sich selbst, von Freunden, von Bier, von Fassaden, von Essen, von Werbeplakaten, von Cocktails, von anderen Menschen, die man lustig findet und Bilder von Schrankwandabmessungen, die man auf einen Zettel geschrieben und diesen dann fotografiert hat, weil das eine Zehntelsekunde schneller geht, als die Maße abzutippen.

Der Rest, also fünf Prozent, besteht aus Emojis oder GIFs,

mit denen der Absender Gefühle ausdrücken will, die er nicht in Worte fassen kann, wie Freude, Ärger oder ___.

Mitteilungen über Facebook und Messenger-Apps sind für den Moment geschaffen, nicht für die Nachwelt. Man liest sie, empfindet etwas dazu oder nicht, antwortet oder nicht und handelt oder nicht. Kein vernünftiger Mensch kann den Wunsch haben, sich so etwas gegen Bezahlung drucken zu lassen, um es dann jemandem zu schenken. – Oder doch?!

Dreißig Euro verlangt Zapptales für das Hardcover, fünfundzwanzig Euro für das Softcover und fünfzehn Euro für das PDF.

Hallo, fünfzehn Euro für ein PDF? Für eine Datei?! Wahrscheinlich brauchen sie das Geld, um die Pflegekosten für den Lektor zu bezahlen, der über die ganzen Rechtschreibfehler und der Bräsigkeit mancher Zeitgenossen wahnsinnig geworden ist. Wem ein solches Buch geschenkt wird, der sollte mit einem ausdruckslosen „Danke" reagieren, ein Lächeln versuchen, das nicht echt wirkt, weil einfach die Enttäuschung über die Blödheit des Mitmenschen überwiegt, es in die hinterste Ecke des Bücherregals stellen und mit dem anderen nie wieder darüber sprechen. Vielleicht sogar überhaupt nie wieder mit demjenigen über irgendetwas sprechen.

Zapptales wirbt mit dem Buch *Daniel & Sabina* (Namen austauschbar, Zweck denkbar) und dem Untertitel: *Hey! Lust auf eine Apfelschorle?*

Dieser klingt ja irgendwie romantisch, wobei „Apfelschorle" ... Aber gut, jetzt stellt sich die Frage: Was ist nach der Apfelschorle passiert?

„Hey Sabina, ich fand den Abend schön und hoffe auf mehr. Anbei ein Bild von meinem Penis als Anreger." Oder die weniger romantische Variante: *„Hey du Bitch! Da zahle ich den ganzen Abend die Drinks, so mit Absicht natürlich und dann gehst du einfach nach Hause, so ganz weibisch mit ‚Ich muss drüber schlafen' und ‚Lass es uns langsam angehen' und ich muss mir zuhause einen von der Palme flexen, damit ich*

wieder klarkomme. Werd schwul, du Bitch, ich bin viel zu gut für dich."

Und Daniel schenkt Sabina dann zum Dreimonatigen ein Buch mit ihrer gesamten WhatsApp-Konversation und sagt beim gemeinsamen Betrachten auf der Couch in Sabinas Wohnzimmer: „Ach, Sabi, das war schon ein turbulenter Anfang unserer Beziehung. Ich war damals echt angepisst davon, dass du allein nach Hause wolltest. Ich bin so dankbar, dass du mir noch eine Chance gegeben hast."

Sabina überlegt kurz, ob jetzt der passende Moment gekommen sein könnte, Daniel etwas zu sagen, was er bestimmt nicht gerne hören wird – aber es muss einfach sein: „Und ich habe bald gemerkt, dass du mir kein Bild von deinem Penis geschickt hast, sondern eins von deinem besten Freund Torben."

Was dann folgt, ist eine Geschichte wert.

WER IST GEMEINT?

An der Wand zwischen der Tür meines Nachbarn und meiner entdecke ich einen Zettel mit der Botschaft: „Hallo, mein Schatz. Bis gleich.“

Ich bleibe verwundert stehen. Was soll das denn sein? Also was es bedeutet, leuchtet mir ein, doch warum es sich da befindet, ist mir rätselhaft. Die Schrift ist lesbar, also hat es eine Frau geschrieben. Aber für wen ist die Botschaft gedacht? Für den Nachbarn oder den aus dem dritten Stock, sozusagen als freudige Botschaft mit auf den Weg nach oben?

Ich will mich schon abwenden und meine Wohnung aufschließen, verharre dann aber doch an Ort und Stelle. Es ist erst Nachmittag und ich habe den Rest des Tages nichts weiter vor. Mir bleibt also genügend Zeit, um im Hausflur stehenzubleiben und mich der Nachricht zuzuwenden. Ob die wohl an mich gerichtet ist? Besteht etwa die Möglichkeit, dass ... nein, das kann doch nicht sein ... unmöglich. Kann es aber nicht doch sein, dass ... nein, das kann nicht sein. Für den Fall aber, dass ... was ja unmöglich ist, kann es sein, dass ich wirklich und in jeder Hinsicht unverzeihlich ... also, dass ich tatsächlich vergessen habe, dass ich in einer Beziehung lebe?

Wie heißt sie? Habe ich das etwa auch verdrängt? Vielleicht haben wir uns getrennt und ich habe vor lauter Schock und Liebeskummer eine Amnesie erlitten? Will sie vorbeikommen, um die Beziehung wieder zu kitten? Hat sie sich getrennt, weil ich sie dauernd vergessen habe?

Ich schüttele den Kopf, um diese Gedanken zu vertreiben. Der Zettel an der Wand kann mich nicht meinen. Ich betrete meine Wohnung und schlage die Tür zu.

Ich setze mich an den Schreibtisch und warte.

Verdammt, wie heißt sie bloß? Wenn sie klingelt, werde ich sie mit einem bloßen „Hallo“ begrüßen oder einem „Na, wie geht´s?“ Das ist sehr unpersönlich. Ich beschließe, sie „Sabine“ zu nennen. Das ist gewagt, denn ich kenne nur eine, die so heißt und wenn ich mit der zusammen wäre, dann ist mir klar, warum ich sie vergessen habe.

Ich warte lange. Hat sie nicht hingeschrieben „Bis gleich“? Was bedeutet „Bis gleich“ in ihrer Wahrnehmung? Ich kannte mal jemanden, der sich immer mit „Bis gleich“ verabschiedete und bis zum nächsten Treffen vergingen oft Monate. Schlimmstenfalls besitzt Sabine ein ähnliches Zeitempfinden.

Irgendwann klingelt es an der Tür meines Nachbarn. Ich höre zwei erfreute Stimmen. Ich bin erleichtert. Es hätte eine peinliche Situation entstehen können, wenn ich sie mit „Sabine“ angesprochen hätte und sie eigentlich „Petra“ heißt. Bestimmt hätte sie mir daraus einen Vorwurf gemacht und sich von mir getrennt.

Ich warte einen Augenblick, bis wieder Ruhe herrscht.

Dann tue ich irgendetwas, was man so macht, wenn man alleine lebt.

IM WÜRGEGRIFF DER MANSCHETTE

„Was machen Sie so beruflich?“, fragt der Kardiologe. Ist das jetzt Smalltalk oder muss er das zur Bestimmung des Krankheitsbildes wissen?

Ich zögere einen Moment. „Ich bin Künstler. Schriftsteller. Autor.“

Er nickt. Gleich wird die Frage kommen, die alle Leute stellen, wenn sie einen Künstler kennenlernen. „Können Sie davon leben?“

Wieder warte ich einen Moment. „Prekär“, antworte ich dann wahrheitsgemäß.

„Wenn Sie mal bei Twitter oder Facebook etwas Außergewöhnliches schreiben“, so vermutet mein Gegenüber, „dann werden Sie bestimmt berühmt.“

Tja, denke ich, so einfach ist das nicht. Dazu müsste ich mich bei Twitter anmelden und bei Facebook mal was posten.

Der Kardiologe holt ein Gerät aus der Schublade. Ich weiß, was mich erwartet, denn wie jeder Patient heutzutage habe ich gegoogelt, was der Hausarzt auf der Überweisung vermerkt hat. „Langzeitblutdruckmessung“ heißt mein Schicksal. Vierundzwanzig Stunden lang muss ich eine Manschette am Arm tragen, die von einem Gerät aufgepumpt wird, um dann den Blutdruck zu messen und zu speichern. Ich leide an hohem Blutdruck und die Untersuchung soll zeigen, ob der Wert konstant bei hundertachtzig liegt.

„Sie werden sich freuen, sehr freuen, wenn Sie das Gerät wieder abnehmen dürfen“, lässt mich der Arzt wissen. „Viele Patienten empfinden es als Qual, weil es so massiv in den Tagesablauf eingreift. Alle viertel Stunde bläst sich die Manschette tagsüber auf, nachts nur jede halbe Stunde.“

„Nachts auch?“, frage ich nach. Davon habe ich im Internet nichts gelesen. „Und wie soll ich dann schlafen?“

„Schlafen?“, fragt der Arzt zurück und lächelt kurz. „Falls Sie morgen nichts vorhaben, können Sie den Schlaf tagsüber nachholen. Heute Nacht werden Sie achtundzwanzig Minuten wach liegen und darauf warten, dass sich das Gerät einschaltet. In der neunundzwanzigsten Minute werden Sie schlafen. In der dreißigsten Minute wird Sie das Gerät wecken.“

„Muss ich sonst noch was wissen?“, frage ich mit genervtem Unterton. So habe ich mir das nicht vorgestellt.

„Ihre Armhaltung ist sehr wichtig“, antwortet der Arzt. „Sie dürfen den Arm nicht beugen. Die Messung wird ungenau, deshalb wird das Gerät den Pumpvorgang so lange wiederholen, bis es ein Ergebnis erhält.“

„Was ist, wenn ich mich nicht daran halte?“

„Benutzen Sie Ihre Arme oft?“

„Ja, natürlich“, entgegne ich.

„Dann sollten Sie meinen Ratschlag beherzigen. Strecken Sie den Arm mal aus.“

Ich tue, was er sagt.

„Sie dürfen aber nicht die Hand zur Faust ballen. Sie müssen sie ebenfalls strecken.“

Zögerlich folge ich seinem Ratschlag. „Ihnen ist aber klar, wonach das aussieht? Ich glaube nicht, dass ich das unterstützen kann.“

„Ach, kommen Sie. Sie halten den Arm auf dreiunddreißig Grad, nicht auf fünfundvierzig. Außerdem sagen Sie ja nichts. Wenn sich jemand aufregt, dann klären Sie ihn über den Grund auf. Möchten Sie die Manschette links oder rechts?“

Ich denke nach: Mit welchem Arm machen die Nazis den deutschen Gruß? Der Logik nach mit dem rechten.

„Links“, sage ich dann.

Wenig später stehe ich draußen. Von der Manschette führt ein Schlauch über den Rücken zu dem Gerät an der Seite. Ich komme mir vor wie ein Borg aus Star Trek oder ein schlecht vorbereiteter Selbstmordattentäter. Nach ein paar Metern gibt das Gerät einen Ton von sich und dann bläst sich die Manschette auf. Gott sei Dank ist durch das lange Hemd nichts zu erkennen. Weder der Schlauch, noch die Manschette, noch die Ausbeulung durch das Gerät. Ich würde mir merkwürdig vorkommen auf dem Weg zum Einkaufen.

Alle fünfzehn Minuten halte ich an und kaschiere den ausgestreckten Arm, indem ich mich an einer Wand abstütze und Würggeräusche von mir gebe oder versuche, mit dem Smartphone ein Selfie zu machen, wobei dem Gerät die Handbewegung nicht gefällt, was die Messung erschwert.

Äußerst schmerzhaft wird es dann an der Kasse. Ich will zur Gesäßtasche greifen, um die Brieftasche herauszuholen. Prompt geht der Messversuch schief. Das Gerät gibt einen komischen Ton von sich, lässt etwas Luft ab und pumpt gleich darauf wieder. Ich spüre den Schmerz durch den Würgegriff der Manschette, lege den Arm auf das Rückgeld-Plastiktischchen, warte einen Moment ab und ertrage die verwunderten Blicke der Kassiererin und der anderen Kunden.

Als ich mir kurz darauf den Rucksack über die Schultern ziehe, löst sich der Schlauch. Um Gottes willen, ist jetzt die ganze Messung futsch, geht es mir panisch durch den Kopf. Ein Stück vom Schlauch hängt mir am kurzen Ärmel heraus. Ich kann unmöglich jetzt Hemd und Unterhemd ausziehen und versuchen, den Schlauch wieder reinzustecken. Das Gerät piept. Offensichtlich versucht es zu pumpen, aber es geht nicht. Gleich wird es eine Fehlfunktion feststellen und den Dienst einstellen. Hektisch laufe ich nach Hause, stecke den Schlauch wieder rein und kurz darauf beginnt alles von vorne.

Der Arzt hat mir einen Zettel mitgegeben, auf dem ich alle Tätigkeiten und Beschwerden protokollieren soll.

Einige Eintragungen wie „Ruhepause“ oder „Bürotätigkeit“ habe ich bereits vermerkt, jetzt notiere ich „Schlauch ab“ und schreibe daneben: „Panik.“

Die Arzthelferin hat mir aufgetragen, die Manschette nach dem Aufstehen zu lösen und die Batterien aus dem Gerät zu nehmen. Aber was versteht die Helferin unter Abnehmen nach dem Aufstehen? Ich kann doch einfach die Manschette um drei Uhr abnehmen und behaupten, dass ich stets um diese Zeit aufstehe. Warum mich um die Nacht bringen, wenn es auch einfach geht.

Nein, nein, sage ich mir kurz darauf. Das hier ist eine Herausforderung, vierundzwanzig Stunden unter erschwerten Bedingungen, das Dschungelcamp des kleinen Mannes. Ich werde standhaft bleiben und die Nacht durchstehen.

Diese verläuft so, wie es der Arzt vorhergesagt hat. Nach den ersten drei Stunden setze ich mich in die Küche und starre die Tapete an. Ich schaue auf die Uhr. Seit der letzten Messung ist mehr als eine halbe Stunde vergangen. Vielleicht stellt das Gerät zwischen drei und sieben Uhr seinen Dienst ein, damit der Träger schlafen kann. Die Augen werden schwer und ich beuge den Oberkörper nach vorne.

Plötzlich spüre ich, wie die Manschette anschwillt. Es ist drei Uhr dreizehn. Eilig stehe ich auf und lege mich ins Bett. Vielleicht kann ich jetzt neunundzwanzig Minuten schlafen. Ich liege auf der Seite mit ausgestrecktem Arm. Eine unnatürliche Schlafhaltung. Ich glaube zu verstehen, warum Nazis so sind, wie sie sind. Ihre Gesinnung basiert auf Übermüdung.

Ich sollte aufstehen und etwas tun, überlege ich. Aktenordner sortieren, Gardinen waschen oder etwas Außergewöhnliches im Internet schreiben. Oder im Protokoll „Aufgestanden“ vermerken und dann die gottverdammte Manschette abnehmen. Um acht Uhr dreißig soll ich das Gerät zurückbringen. Ich schaue auf die Uhr. Es ist kurz nach fünf.

Sieben Uhr. Das Gerät weckt mich. Ich habe den Kopf auf dem linken Arm liegen. Beim Versuch, den Arm zu strecken, reiße ich wieder den Schlauch ab. Ich stehe auf, klemme ihn wieder ran und warte. Vier Minuten später beginnt das Gerät seine Arbeit und ich inszeniere regelrecht den deutschen Gruß, im Wissen, dass es das letzte Mal ist. Ich warte, bis die Luft aus der Manschette ist, und reiße sie dann ab.

Zur verabredeten Zeit stehe ich in der Praxis. Die Arzthelferin schaut auf das Protokoll und blickt mich verwundert an. „Sieben Uhr?“, fragt sie nach. Ich nicke. „Respekt! Alle Patienten hören um zwei oder spätestens drei Uhr mit der Messung auf und beklagen sich über menschenunwürdige Folter und fragen, ob man die Messung nicht humaner durchführen könnte.“

„Ich frage nicht“, erkläre ich, „und ich beklage mich nicht.“ Aber ich möchte eine solche Tortur erst wieder erleben müssen, wenn der technologische Fortschritt bei der Langzeitblutdruckmessung angekommen ist und das möge, im Interesse aller künftigen Patienten, möglichst rasch geschehen.

BEKEHRUNGSVERSUCH IM HOF

Es war am späten Abend, als ich mit einer Tüte Essen das Haus betrat, durch den Vorderhausflur ging, auf den dunklen Hof hinaustrat und auf die junge Frau aufmerksam wurde.

„Hallo, entschuldigen Sie. Wissen Sie, ob das Gemeindecafé Mandelzweig noch offen hat? Ob ich da noch jemanden erreiche?“

„Nein“, antwortete ich und wollte an ihr vorbeigehen, „um diese Uhrzeit haben die zu.“ Die junge Frau wirkte aufgekratzt. „Haben Sie einen Kugelschreiber, damit ich eine Nachricht hinterlassen kann? Ich weiß auch nicht, wo der Privateingang ist.“

Ich schaute eilig nach, ob ich einen Kugelschreiber bei mir trug – Fehlanzeige. Also zeigte ich ihr den Privateingang. Sie klingelte und erschrak darüber.

„Herrje, was mache ich nun?“, fragte sie mich, nachdem niemand öffnete. „Wissen Sie, ich will hier ein Praktikum machen, aber ich habe es die ersten zwei Tage nicht geschafft zu erscheinen. Jetzt habe ich Angst, dass ich das Praktikum nicht machen kann, obwohl ich Christin bin. Meinen Sie, dass mich die Gemeinde ablehnen wird?“ Sie schaute mich gespannt an.

Was an mir ließ sie glauben, ich könne ihr darauf eine beruhigende Antwort geben? Warum schenkte sie mir Vertrauen? Wir standen in einem dunklen Hof im Wedding, spätabends, zu einer Zeit, wo die Nachbarn bei Schreien im Hof eilig die Fenster schließen.

„Nun ...“, hob ich an, „da es sich ja um Christen handelt, die dem ständigen Erbarmen ob der Sünden ihrer Mitmenschen verpflichtet sind, würde ich denken, dass sie dir die Fehltage verzeihen und dich gerne in ihren Kreis aufnehmen.“

Sie nickte. „Wenn ich einen Kugelschreiber hätte, dann

könnte ich mir die Telefonnummer aufschreiben und gleich morgen früh anrufen. Wissen Sie, ich schlafe immer so lange, deshalb habe ich es die letzten Tage auch nicht geschafft. Ich schlafe immer bis dreizehn Uhr dreißig, und wenn ich dann los bin, war hier schon alles zu."

„Vielleicht solltest du dir den Wecker stellen?!", riet ich ihr, ohne zu zögern. Stutzig machte mich ihre Aussage: *„... und wenn ich dann los bin."* Das Café Mandelzweig öffnet gegen Mittag und steht dann bis zwanzig Uhr offen. Wann verließ sie dann das Haus, wenn sie meinte, hier sei alles geschlossen, wenn sie ankam? Vielleicht war ihre Arbeitskraft sogar für die Christengemeinde verzichtbar.

Ich schaute auf meine Tüte mit der Currywurst und den Pommes von der Fettluke Mittelpromenade. Warm war das Essen schon kaum genießbar, kalt konnte ich es gleich in den Müllcontainer schmeißen. Ich zeigte auf die Tüte, verabschiedete mich und stapfte in Richtung Hinterhaus.

„Sind Sie Christ?", rief sie mir hinterher.

Ich blieb stehen, dachte kurz nach und drehte mich zu ihr. Als Jugendlicher war ich in der Jungschar gewesen, das war so etwas wie christliche Pfadfinder. Es war nicht peinlich, aber es war schon lange her. „Nein, bin ich nicht mehr", antwortete ich.

„Wenn das mit dem Praktikum klappt", meinte sie, „dann können wir uns ja mal auf einen Kaffee treffen und über Gott reden."

„Mal sehen", entgegnete ich und stieg die Treppen empor.

Die nächsten Tage habe ich ab und an nach ihr geschaut. Ich wollte nicht über Gott reden, aber wissen, ob es mit dem Praktikum geklappt hat. Aber ich habe sie nicht entdecken können.

Einmal überlegte ich sogar, im Laden nach ihr zu fragen. Aber womöglich hätte ich dann das Christencafé erst Stunden später wieder verlassen und wäre ein anderer Mensch. Also ließ ich es bleiben. Entweder war die Gemeinde für Verständnis nicht zu haben oder sie schaffte es weiterhin nicht, aus dem Bett zu kommen.

WIEDER WAS DAZUGELERNT

Der Wasserhahn in der Küche tropft. Das allein wäre schon ein Grund, ihn mal zu reparieren. Aber wie ich ihn so betrachte, bemerke ich noch etwas anderes. Der Hahn ist über und über mit Kalk verkrustet und das sieht scheiße aus. Wie eine ungepflegte Waschmaschine irgendwo tief drinnen.

Ich wundere mich, dass mir das erst jetzt auffällt und mich so stört. Warum ist der so mit Kalk überzogen? Ich setze mich an den Rechner und recherchiere.

Auf einer Seite, die mir zunächst deutlich macht, dass das, was ich mein Leben lang „Wasserhahn“ nannte, in Wirklichkeit „Schwenkauslauf“ heißt, lese ich: *Wenn sich an der Überwurfmutter Kalkspuren bilden, wird es Zeit, sich einmal die Dichtungen anzusehen. Sonst läuft das Wasser bald am Auslaufrohr entlang und hinterlässt auch dort hässliche Spuren.*

Aha, das ist also die Erklärung. Soll ich die Hausverwaltung verständigen? Hat keinen Sinn. Entweder melden die sich nicht zurück oder sie behaupten, *ich* sei dafür verantwortlich. Gut, dann werde ich einfach den Hahn, äh, Schwenkauslauf abschrauben, damit in den Baumarkt fahren und einen neuen besorgen.

Es dauert eine Stunde, bis ich den richtigen Verkäufer gefunden habe, doch der durchkreuzt meinen Plan. „Die Mutter ist eine Halb-Zoll-Größe“, sagt er, ohne den Hahn in die Hand zu nehmen. „Das ist heute nicht mehr üblich. Die meisten Muttern haben einen Dreiviertel-Zoll-Anschluss. Ich habe noch einen Auslauf mit Halb-Zoll da, aber der wird sich nicht aufschrauben lassen.“

„Nein?“, frage ich verwundert zurück.

„Nein“, antwortet der Verkäufer.

Weil ich nicht zugeben möchte, nicht zu wissen, warum sich ein Halb-Zoll-Auslauf nicht auf eine Halb-Zoll-Mutter aufschrauben lässt, sage ich dazu nichts, packe den Auslauf wieder ein und verlasse den Laden.

Zuhause fällt mir auf, dass ich ihn mal hätte saubermachen können, bevor ich damit in einen Baumarkt fahre. Ich nehme etwas Essig und reinige ihn. Währenddessen überlege ich, ob der Verkäufer so unwirsch reagiert hat, weil ich ihm den verkalkten Auslauf gezeigt habe. Ich stelle mir vor, wie er mit seinen Kollegen darüber spricht. *„Boah, vorhin hatte ich einen Kunden – das glaubt ihr nicht. Der hat mir einen mit Kalbablagerungen überzogenen Auslauf vorgezeigt – ohne mit der Wimper zu zucken. Zehn Jahre ist da Wasser drübergelaufen, sag' ich euch. Zehn Jahre! Der hatte kein Schamgefühl, der Typ. Vermutlich ein Messi, der nichts mehr auf die Reihe kriegt.“*

Ich schaue auf den gereinigten Auslauf. Essig ist ja ein Wundermittel, aber das Ding sieht mindestens noch nach fünf-Jahren-Wasser-drübergelaufen aus. Nee, besser ist es wohl, ich besorge einen neuen und nehme mir vor, den künftig zu pflegen. Also fahre ich am nächsten Tag zu einem anderen Baumarkt.

Selbstverständlich laufe ich zunächst ziellos durch den Markt, bis ich die Abteilung entdecke, von der ich glaube, dort fündig zu werden. Aber da laufe ich auch wieder orientierungslos die Regale entlang.

Also gerate ich in die erniedrigende Situation, einen Mitarbeiter fragen zu müssen. Er führt mich durch die halbe Abteilung und sagt schließlich: „Hier.“

Bevor er wieder verschwinden kann, sage ich schnell: „Aber das sind nur Dreiviertel-Zoll- Anschlüsse, ich brauche aber einen Halb-Zoll.“

„Meine Güte, die muss ich bestellen“, antwortet er. „Da habe ich doch nur Arbeit mit. Folgen Sie mir.“

Kurze Zeit später erreichen wir den Info-Counter.

„Haben Sie eine Kundenkarte?"

„Nein."

„Es wäre gut, wenn Sie eine hätten. Gerade bei größeren Anschaffungen können Sie enorme Vergünstigungen rausholen."

Ich überlege, ihm zu gestehen, dass ich diesen Baumarkt eigentlich nie besuche, beziehungsweise nicht vorhabe, ihn künftig noch mal zu betreten. Aber ich sehe davon ab. Ich hoffe, dass er mir helfen kann und will ihn nicht verärgern.

„Na gut", antworte ich. „Ich hätte dann gerne eine." Zuhause werde ich sie zu den anderen Kundenkarten legen, für die ich keine Verwendung habe oder die ich immer vergesse mitzunehmen.

Er setzt sich hin und füllt irgendein Formular aus, während er gleichzeitig in einem Katalog für Sanitärartikel blättert. „Ich kenne mich hier eigentlich nicht aus", erzählt er dann. „Ich wurde vor drei Jahren hierher versetzt. Eigentlich komme ich aus der Farbenabteilung, aber es gibt mehr Kollegen, die sich mit Farbe auskennen als welche, die über Bäder und Armaturen Bescheid wissen. Deshalb hat mich der Chef hierher geschickt und gedacht, ich würde mich nebenbei über Bäder und Armaturen informieren – aber darauf habe ich keine Lust. Mich interessiert das überhaupt nicht. Deshalb muss ich immer in den Katalogen nachschauen."

Ich lächele gequält.

„Können Sie mir Ihre Handynummer sagen?"

„Moment, da muss ich nachschauen. Ich kenne die nicht auswendig."

„Das geht mir genauso", entgegnet der Verkäufer. „Eigentlich habe ich mein Handy immer dabei. Nur neulich mal nicht. Da habe ich in einer Kneipe eine Frau kennengelernt und wollte ihr meine Nummer geben, aber das ging ja dann nicht. Schöne Scheiße."

Ich frage mich, ob dieses Bauhaus seine Mitarbeiter zu einer

Art Freundlichkeitsoffensive verdonnert hat. Der Mann vor mir tut so, als wären wir seit Jahren beste Freunde. Der Mitarbeiter im ersten Baumarkt wäre nie auf die Idee gekommen, mir solche Sachen zu erzählen, aber der kam ja nicht mal auf die Idee, mir zu helfen.

„Sie können den Auslauf in einer Woche abholen. Ich werde Sie dann anrufen. Die Kundenkarte erhalten Sie in vier Wochen, vielleicht auch später. Die Bürotypen in der Zentrale sind nicht die Schnellsten. Ich gebe Ihnen einen Tipp: Bestellen Sie den Newsletter gleich wieder ab. Die meisten Sachen kriegen Sie beim Baumarkt oben am Kurt-Schuhmacher-Damm billiger. Vor allem Bäder und Armaturen."

„Bei dem Baumarkt war ich schon, aber leider nicht erfolgreich."

„Waren Sie bei dem Mitarbeiter Klotz?", fragt mich mein Gegenüber.

Ich denke nach. „Ja, es kann sein, dass der so hieß."

„Das ist mein Bruder. Der ist auch Farbe."

Eine Woche später klingt mein Handy. „Abteilung Bäder und Armaturen am Apparat", meldet sich der Mitarbeiter. „Ihr neuer Auslauf ist gerade angekommen."

„Ich kann aber heute leider nicht", antworte ich. „Erst morgen, vielleicht übermorgen."

„Nein, das geht nicht", höre ich. „Ich bestehe auf sofortige Abholung."

„Wie bitte?"

„Das war ein Spaß. Natürlich können Sie den Auslauf abholen, wann Sie wollen. Allerdings innerhalb von sieben Wochen, sonst schicken wir das Zeug zurück. Hier liegt immer so viel Gerümpel herum, das die Leute bei uns bestellen – das nimmt zu viel Platz weg."

„Okay, ich komme morgen", erkläre ich.

Am nächsten Tag hole ich vom Baumarkt den neuen Auslauf und will ihn austauschen. Das funktioniert aber nicht. Ich kriege die Überwurfmutter nicht angeschraubt. Mehrmals probiere ich es, bis ich genervt aufgebe. Halb-Zoll ist wohl doch nicht ein halbes Zoll oder das obere Rohrstück ist zu kurz, zu lang, zu schmal oder zu breit. Was weiß ich, ich habe doch keine Ahnung.

Ich überlege, ob ich den neuen Auslauf zurückbringe, entscheide mich dann aber dagegen. Ich bin nicht gerne in Baumärkten und ich weiß nicht, was mich noch erwarten wird, wenn ich den Einkauf reklamiere.

Womöglich habe ich einen Wasseranschluss aus Vorkriegszeit oder ein Sondermodell, irgendwas zwischen einem halben und dreiviertel Zoll, gefertigt vom *VEB Bäder und Armaturen*, unter Lebensgefahr über die Mauer geschmuggelt und von der damaligen Hausverwaltung 1987 hier eingebaut.

Erneut putze ich den Wasserhahn und schraube ihn wieder dran. Er sieht jetzt fast wie neu aus, aber er tropft immer noch.

MEIN NEUES HOBBY

Heutzutage wird es immer mehr zum Hobby, sich bei Simulationsspielen anzumelden, wo Menschen aus aller Welt gegeneinander spielen. Fantasyfans zieht es in die World of Warcraft, wo sie dann Orks zerhacken und Schätze finden. Fußballinteressierte treibt es zu Hattrick, wo sie einen Verein gründen und als Manager gegen 500.000 andere Leute weltweit antreten.

Auch mich interessiert dieser Trend, doch die angebotenen Onlineportale reizen mich thematisch überhaupt nicht. Ich will weder Conan der Barbar sein, noch einen Fußballclub managen.

Ich suche eine spielerische Betätigung, die mich nur wenig fordert. Ich will mich nur einmal die Woche einloggen, vier oder fünf Mausklicks machen und beschaulich soll es sein. Nach einigem Suchen werde ich endlich fündig. Auf www.virtueller-pferdehof.de entdecke ich das, was mich noch nie interessiert hat.

Die Anmeldung stellt mich vor ein Problem. Wie soll ich meinen Hof nennen? „Gestüt Mordor“ und das erste Pferd „Zork, der infernalische Hengst“? Aber das wird sicherlich den Game Master misstrauisch machen, der denken wird, bei mir handele es sich um einen widerwärtigen Pädophilen, der im Forum schlimme Antworten auf Postings von pferdevernarrten Zehnjährigen schreiben wird. Also entscheide ich mich für den Namen „Gestüt Wedding“.

Der Name belustigt mich. Wenn es im Wedding eins nicht gibt, dann sind es Pferdehöfe. Fünfundachtzig Prozent der im Wedding Lebenden haben außerdem noch nie ein Pferd gesehen. Mein Pferd nenne ich „Penny“, wobei der Name im Zusammenhang mit dem Wedding auch seine besondere Bedeutung besitzt. Insgesamt bin ich mit meinen Angaben zufrieden. Sie erwecken den Eindruck, es handele sich bei mir um einen süßen dreizehnjährigen Tokio-Hotel-Fanboy, der ein ganz süßes Pferd namens „Penny“ besitzt.

Nach dem Einloggen bekomme ich eine Übersichtsseite über meinen Hof. Sofort fällt mir folgende Meldung auf: „Roberts Pferden geht es sehr schlecht.“

Das finde ich realistisch! Besäße ich im realen Leben einen Pferdehof, dann würden dort genau solche Verhältnisse herrschen. Also muss ich wohl als Erstes den Gaul füttern.

Futter gibt es in verschiedenen Arten. Raufutter wie Heu und Stroh, Saftfutter wie Möhren und Äpfel sowie Kraftfutter wie Mais und Hafer. Kraftfutter klingt gut, ist aber wahrscheinlich teuer. Egal, am Anfang kriegt die Mähre was Ordentliches und später dann Heu. Danach erscheint eine Seite, auf der steht: „Du hast deine Pferde gefüttert.“

Zurück auf der Übersichtsseite lese ich, dass es meinem Pferd immer noch schlechtgeht. Verdammt, das Kraftfutter hat fünfzehn PF gekostet! Penny wird mir die Haare vom Kopf fressen!

Als Nächstes putze ich das Pferd, lass es vom Tierarzt untersuchen und den Hufschmied ran. So, jetzt geht es dem Gaul blendend. Dafür hat mich die Aktion fast zweihundert PF gekostet. Wenn ich mich morgen wieder einlogge, so muss ich vermuten, geht es dem Pferd wieder schlecht. Muss ich mich tatsächlich ab sofort täglich um das Pferd kümmern? Im realen Leben ist das klar, aber so ein Tamagotchi-Vieh?

In dem Moment stelle ich mir vor, wie mein neues Hobby künftig mein gesellschaftliches Leben verändern wird:

„Ach, Robert, das war echt der beste Sex bislang. Was ist los? Warum stehst du auf?“

„Ich muss noch mal ins Internet. Es ist dringend!“

„Worum geht es denn?“

„Um Penny."

„Ach, so ist das also. Penny, na das ist ja eine Überraschung."

„Du verstehst das falsch. Penny ist mein Pferd."

„Ein Pferd? Du hast ein Pferd? Och, wie süß. Fahren wir es mal besuchen, damit ich es streicheln kann?"

„Nein, das wird nicht gehen. Penny ist ein virtuelles Pferd. Ich habe ein Gestüt im Internet und muss Penny noch füttern."

„Was, du hast ein Pferd im Internet? Das ist doch gelogen, oder? Du willst doch bestimmt noch mit irgendeiner Penny chatten. Aber nicht an meinem Rechner. Mach das gefälligst zuhause und zwar sofort."

So weit darf es nicht kommen, wenn es mal so weit kommen sollte. Dann muss ich Prioritäten setzen, sprich, der Gaul kann mich mal.

Ich schaue mich weiter auf der Übersichtsseite um. Was gibt es noch für Optionen, vor allem, um Geld zu verdienen? Wetten und an Turnieren teilnehmen. Ich schließe eine Wette auf das nächste Turnier ab. Entweder wette ich, dass mein eigener Gaul gewinnt, wofür ich, wenn es so kommt, zweitausend PF bekomme oder ich wette auf irgendein Pferd, dafür bekomme ich hundert PF sofort auf das Konto.

Danach melde ich mich noch für das nächste Turnier in Regensburg an. Ob ich gewinnen werde? Ich schaue in das Menü „Häuser/Autos". Meine Logik sagt mir, dass ich einen fahrbaren Untersatz brauche, denn sonst verliere ich nicht nur das Turnier, sondern nehme gar nicht erst teil. Aber leisten kann ich mir eigentlich nur einen Motorroller oder einen Traktor, mit Zähneknirschen noch einen VW Touareg.

Dann brauche ich noch einen Anhänger für Penny oder bekomme ich die etwa in den Kofferraum?

Ich kaufe mir einen SMART für neuntausend PF und einen Anhänger für zwölftausend PF. Das sieht klasse aus. Ich bekomme Punkte für den Einkauf und stelle bei der Rückkehr auf die Übersichtsseite fest, dass ich von Tabellenplatz 21.132

auf Platz 10.825 gestiegen bin. Wenn ich noch vier oder fünf Sachen einkaufe, dann stehe ich an der Spitze.

Am nächsten Tag habe ich eine Verabredung mit einer schönen Frau. Wir schauen uns eine verrückte Show an und gelegentlich denke ich darüber nach, wie der weitere Abend verlaufen wird. Ich bin erwartungsfrei in den Abend gegangen, aber mit der Furcht, mich erklären zu müssen, wenn der Abend unerwartet verläuft.

Heute ist das Turnier in Regensburg und ich hoffe, dass meine Penny einen Siegerplatz herausgaloppiert. Ich denke den ganzen Abend daran, und wenn nichts anderes passiert, kann ich später noch nachschauen.

Penny hat nicht gewonnen, wie auch, sie hat ja nicht mal einen Sattel und auch niemanden, der sie reitet. Einen Jockey kann ich bei dem Menü „Personal" nicht einkaufen, dafür aber einen „Bereiter". Ist das eine Eindeutschung für Jockey? Der kostet aber zehntausend PF, wobei ich immer noch nicht weiß, was PF überhaupt bedeutet. Vielleicht Pferdefutter? Oder Pferdepfennig? Pferdepfand? Pferdepfund?

Statt eines „Bereiters" kaufe ich verschiedenes Zubehör, unter anderem eine Katze für hundert PF, was mir allerdings keine Punkte bringt. Dazu einen Sattel, eine Putzbox und einen Halfter. Das ganze Zeug kostet mich fast vierhundert PF.

Zeit, dass ich mich für das nächste Turnier anmelde, auf ein anderes Pferd wette (bringt hundert PF) sowie andere Möglichkeiten zum Geldverdienen ausprobiere. Ich biete Touristen eine Kutschfahrt an und verdiene damit fünfhundert PF. Leider kann ich danach nicht noch eine Kutschfahrt oder zwei oder fünfzig anbieten. Scheiß Spiel.

Nach zwei Tagen Pause logge ich mich wieder ein. Auf der Übersichtsseite steht: „Roberts Pferden geht es noch gut." Hätte ich mich erst nach einer Woche eingeloggt, wäre der Gaul längst verhungert und für mich das Spiel aus.

Weiter lese ich: „Deine Pferde müssen gefüttert werden", sowie: „Deine Pferde sind dreckig!" Jaja, ist ja schon gut, denke ich und erledige schnell die Aufgaben, damit mich die Nachrichten nicht weiter nerven.

Dann schaue ich mir die Ergebnisse des zweiten Turniers an. Ich habe wieder nicht gewonnen. Woran das wohl liegen mag? Ich muss wohl tatsächlich einen solchen „Bereiter" einstellen, damit mein Pferd während des Turniers nicht einfach so durch die Gegend läuft. Irgendwie klingt das logisch. Aber die zehntausend PF sind viel Geld. Dann gewinne ich erst mal keine Turniere, sondern veranstalte Kutschfahrten oder nehme Nebenjobs an. Dann habe ich irgendwann das Startkapital zusammen und kann anschließend das große Geld verdienen.

Ach nee, fällt mir gleich darauf ein. Das geht ja alles gar nicht. Ich habe ja gerade beschlossen, mit dem Spiel heute aufzuhören.

Eine weitere Möglichkeit, Einnahmen zu erzielen, ist das Schreiben von Berichten.

Man schreibt maximal tausendzweihundert Zeichen darüber, was man mit seinen Pferden anstellt, was auf dem Hof passiert und anderen Käse. Die anderen Hofbesitzer können den Bericht bewerten. Für die höchsten Bewertungen gibt es bis zu siebentausend PF!

Also setze ich mich ran und schreibe: „Mein Hannoveraner-Gaul Penny und ich sind ein tolles Paar." Ich halte inne. Meine Güte, was schreibe ich da für einen Mist? Egal, man schreibt so viel Scheiße im Leben, da kommt es auf tausendzweihundert Zeichen auch nicht mehr an. „Ich streichele Penny an den Stellen, wo es ihr gefällt. Penny reibt ihren Kopf an der Stelle, wo es mir gefällt. Das ist schön!"

Als Titel für meinen Bericht wähle ich: „Sodomie ist 'ne prima Sache!"

Zuletzt schicke ich mein virtuelles Pferd noch zum Tierarzt und reite es danach am Strand aus.

Wenn die anderen Mitspieler meine Übersichtsseite besuchen, müssen sie den Eindruck haben, dass es den Tieren gutgeht, dass sie ausreichend Futter bekommen und es auch sonst auf meinem Pferdehof prima läuft.

Bald wird das anders aussehen. Adieu, Penny!

DIE NÄCHTE MIT NIELSEN

Wenn ich Texte über Marktforschung schreibe, dann berichte ich meist davon, dass mich irgendwelche Callcenter anrufen und mir Fragen zu meinem Konsumverhalten stellen wollen. Meist lege ich dann wieder auf. In seltenen Fällen mache ich die Umfragen mit und ärgere mich später über die verschwendete Zeit.

Doch vor etwa zehn Jahren habe ich mal auf eine ganz andere Weise aktiv mitgeholfen, Konsumforschung zu betreiben, gewissermaßen als Testperson.

Das Marktforschungsinstitut Nielsen in Hamburg schrieb mich an und fragte, ob ich als Studienobjekt mitmachen wolle. Konkret gesagt: Ich sollte mittels eines Hand-Scanners die Barcodes meiner täglichen Einkäufe auslesen. Die Basisstation sammelte die Daten und schickte sie einmal pro Woche nach Hamburg. Ich stimmte seinerzeit zu, denn für jedes eingescannte Produkt bekam man Punkte gutgeschrieben, die man sammeln und später gegen Waren eintauschen konnte. Vermutlich reizte mich der Gedanke, einfach ein Vierteljahr lang meine Einkäufe zu scannen, um mir anschließend einen neuen Staubsauger aussuchen zu können.

Heute, um das mal kurz zu vertiefen, mache ich bei einem Bonuspunkte-System meiner Bank mit, wo mir für jede Buchung fünfzig Punkte gutgeschrieben werden. Das geht jetzt schon drei Jahre so und wann immer ich mich bei dem Anbieter einlogge, um zu schauen, was ich mir schon leisten kann, folgt die Enttäuschung. Es reicht gerade mal für einen Design-Kochlöffel. Um ein iPad ohne Zuzahlung zu ergattern, müsste ich noch mindestens fünfundzwanzig Jahre buchen, was das Zeug hält.

Damals lernte ich Dörte kennen. Sie machte ein Praktikum bei dem Literaturverein, bei dem ich arbeitete. Sie lud mich zum Essen in ihre Wohnung ein. Als ich zu später Stunde aufbrechen wollte, meinte sie, es würde keine S-Bahn mehr fahren und ich könne bei ihr übernachten. Bestimmt zehn Minuten standen wir im Wohnungsflur, ich erklärte permanent, ich würde jetzt zur nächsten S-Bahnstation gehen und lieber auf den Fahrplan schauen, während Dörte dagegenhielt, sie kenne den Fahrplan genau und da fahre nichts mehr. Ich bin dann doch noch los und sie wiederholte im Türrahmen das Angebot, bei ihr zu übernachten.

Ich habe dann doch noch eine S-Bahn bekommen, und erst während der Fahrt ging mir ein Licht auf.

Tage später wiederholten wir unser Treffen unter anderen Vorzeichen. Wir trafen uns bei mir und es war klar, dass sie nachts nicht noch nach Hause wollte.

Es war an einem Freitag und kurz vor halb eins in der Nacht, als wir uns näher kamen und damit eine Affäre eingingen. Ich war Single, aber Dörte hatte eine Beziehung, die gerade nicht gut lief und sie suchte Abwechslung.

Affären sind kurzzeitig spannend, aber meist gehen sie mit Krachen in die Brüche. Entweder wird aus dem lässigen Umgang eine Liebe, die nicht erwidert wird, oder die Beziehung richtet sich wieder, so dass die Affäre zur Belastung wird.

Daran dachte ich in diesem Moment aber nicht, sondern gab mich der Zuneigung hin. Ich hatte lange keine Frau mehr im Bett gehabt und mittlerweile war ich ausgehungert.

Notgeile Menschen sind arme Schweine. Es gab Zeiten, da habe ich mich über Männer lustig gemacht, die auf Partys reihum jede Frau ansprachen und versuchten, das lästige Kennenlernen schnell hinter sich zu bringen – und damit in den meisten Fällen scheiterten. Ausgehungerte Menschen reden anders, weil sie nur ein Thema und eine Motivation haben. Sie schauen anders auf die Welt und sie handeln unentspannt.

Frauen durchschauen das schnell und Männer nur, wenn sie
a) an Lebenserfahrung gewonnen haben und
b) nicht gerade in derselben Situation sind.

Das Schlimmste an ausgehungerten, unentspannten, notgeilen Menschen ist, dass sie so gefangen sind in ihrem Zustand, dass sie manchmal nicht oder nur mit Mühe herausfinden. Das erklärt, warum ich mich bei Dörte in der Wohnung so blöd angestellt hatte. Ich hatte nicht im Traum daran gedacht, dass sie was von mir wollte.

In dem Moment, als Dörte und ich uns näherkamen, dachte ich nur daran, dass ich heute Nacht und wohl noch weitere Nächte entspannt sein würde.

Woran ich in diesem Moment gar nicht dachte, war die Uhrzeit. Wie jeden Freitag um halb eins in der Nacht schaltete sich, in der Ecke des Zimmers, die Basisstation des Scanners ein und begann mit der Datenübertragung, was von dem Geräusch eines sich einwählenden Analogmodems begleitet wurde. Unser Liebesspiel stoppte abrupt und Dörte fragte, was es mit dem Gerät auf sich hatte. In dem Moment ärgerte ich mich, dass ich es nicht im Flur oder in der Küche aufstellen konnte, weil sich der Telefonanschluss im Zimmer befand und das Kabel zu kurz war.

Ich erzählte Dörte, was es mit dem Gerät auf sich hatte. Wir warteten ab, bis das Gerät seine Übertragung beendet hatte, rauchten dabei eine „Noch nicht danach"-Zigarette und machten anschließend weiter.

In der folgenden Zeit trafen wir uns meist am Wochenende und ich dachte bald, dass ihre Beziehung ganz schön im Eimer sein musste, dass sie die Wochenenden mit ihrer Affäre verbrachte.

Wir trafen uns immer bei mir und eigentlich dachte ich, dass sich Dörte von dem Gerät gestört fühlte. Aber es war anders. Selbst wenn wir auf Partys gingen, achteten wir peinlich genau darauf, rechtzeitig wegzukommen. Dörte schien regelrecht fixiert zu sein auf diese Uhrzeit. Sie meinte, es mache sie an, wenn das Gerät mit seiner Datenübertragung beginne. Sie wollte die Uhrzeit auch immer mehr eingrenzen, um exakt um 0:30 Uhr einen Orgasmus zu haben. Ich wunderte mich darüber, aber machte es mit. Wenn sie das Gerät heiß machte, konnte es mir nur recht sein.

Irgendwann war Schluss. Dörtes Beziehung war wieder im Lot und sie wollte eine Entscheidung treffen. Also brach ich den Kontakt zu ihr ab, aber so ganz ging das nicht. Sie machte bald danach ein Auslandsstipendium und schickte jeden Freitag um 0:30 Uhr einen Newsletter, in dem sie von ihren Erlebnissen berichtete. Ich las ihn, während die Basisstation Daten übermittelte.

Die nächste Frau, die meine Wohnung betrat und über Nacht blieb, erlebte den Scanner nicht mehr. Ich hatte noch so lange durchgehalten, bis ich mir den Staubsauger leisten konnte und den habe ich heute noch.

PUSH SERVICE
ODER: DAS INTERNET DER DINGE

Angefangen hat es 2016 mit dem DSL-Router. Den hatte ich neu bekommen und er bot als Besonderheit den sogenannten „Push-Service“ an. Wenn mir jemand während meiner Abwesenheit eine Nachricht auf den Anrufbeantworter sprach, schickte mir der Router eine E-Mail und informierte mich über den Anruf. Über die angefügte Datei konnte ich mir die Nachricht auch gleich anhören.

Das fand ich faszinierend, auch wenn es für mich keinen Nutzen hatte, denn ich telefonierte kaum mit jemandem über Festnetz. Genauer gesagt, nur mit zwei Mitgliedern meiner Familie und die rief ich kurz an und bat um Rückruf.

So war das einzig Gute, dass ich zusammen mit dem neuen Router auch neue Telefonnummern erhalten hatte und mich nun die nervigen Callcenter nicht mehr erreichen konnten.

Um mehr von dem Push Service zu haben, stellte ich noch ein, dass mir der Router einmal im Monat eine Auflistung meiner besuchten Internetseiten sowie des verbrauchten Datenvolumens zusandte. Zugegeben, ich hätte mich auch in das Gerät einloggen können, aber die Zusendung per Mail fand ich aufregender.

Einige Monate später war ich ernüchtert. Die bloße Aufreihung von Uhrzeiten, Datenmengen und besuchter Webseiten machte mir deutlich, dass ich mit einer Maschine kommunizierte – mehr nicht.

Es dauerte noch zwei Jahre, bis die Hersteller 2018 eine neue Version des „Push-Service“ auf den Markt brachten.

Ausgestattet mit einer künstlichen Intelligenz sollte die Kommunikation zwischen dem Nutzer und dem Gerät künftig menschlicher und irgendwie „kumpelhafter" ablaufen. Anfangs machte das noch Spaß:

Hallo Robert,
Ich bin es, dein Router! Vom 01.07. bis zum 31.07.2018 ist nichts Besonderes passiert. Du hast manchmal die Leitung zum Glühen gebracht, aber das ist ja normal. Bei einigen deiner besuchten Seiten und den Downloads, meine Güte, ist das überhaupt legal? Na ja, soll mir egal sein. Ich melde mich mit dem nächsten Bericht Ende August,
Grüße vom Fußboden,
Dein Router

Zu den Neuerungen gehörte auch, dass die Nutzer den Geräten antworten konnten. Manche verbaten sich persönliche Aussagen zu ihren Surfgewohnheiten, andere sprachen Probleme an und hofften auf Hilfe. So auch ich:

Hallo Router,
du schreibst, es sei nichts Besonderes geschehen. Wie erklärst du mir dann die drei Tage, an denen der Datendurchsatz so langsam war, dass ich glauben musste, ich hätte noch eine Analogverbindung?
Um Aufklärung bittend,
Robert

Kaum hatte ich die Mail abgeschickt, kam auch schon die Antwort:

Hey Robert,
das ist nicht meine Schuld, das kannst du mir glauben. Von mir zu dir achte ich stets auf korrekten Datenfluss. Wie es jenseits der Telefonbuchse aussieht, darfst du mich nicht fragen. Da muss wohl was schief gelaufen sein bei deinem Provider.

Ich habe hier irgendwo die Servicenummer ... Moment mal ... ach, hier ist sie:

0180/ 980 67 456

Grüße vom Fußboden,

Dein Router

Aber diese personalisierte Kommunikation mit Routern war erst der Anfang. Längst schon war der Begriff „Internet der Dinge“ populär. Die Entwickler verfolgten das Ziel, alle Haushaltsgeräte mit dem Internet zu verbinden, um dem Benutzer die Möglichkeit zu geben, noch vor Erreichen der Wohnung die Heizung zu regulieren oder den Wasserkocher anzuschalten. Allerdings musste dazu jedes Gerät mit einer IP-Adresse ausgestattet sein und das erforderte einen technischen Aufwand, den die Gründerväter des Internets nicht berücksichtigt hatten.

Bislang gab es das IP Protokoll V4, das 1981 entwickelt wurde und etwa 4,3 Milliarden IP-Adressen erlaubte. Damals, als das Internet noch die Spielwiese von Wissenschaftlern war und Netzwerke nur in Forschungseinrichtungen und beim Militär vorhanden waren, glaubte man, dass diese Menge für immer reichen würde, um Computer und Server mit IP-Adressen zu versorgen.

Heute, wo Hinz und Kunz ihre Webseiten oder Blogs ins Netz stellen können, wird dieser Adressraum knapp. Vor allem die wirtschaftlich wachsenden Staaten Asiens, insbesondere China, brauchen IP-Adressen. Die logische Folge ist die Einführung des Internet Protokoll V6.

Während, wie erwähnt, V4 etwa 4,3 Milliarden IP-Adressen ermöglichte, sind es bei V6 ungefähr 340 Sextillionen. Das klingt beruhigend und sichert zudem ab, dass auch in Zukunft Oma Meise oder Herr Dong Xiang ihre privaten Homepages mit Wissenswertem über Strümpfe oder Waldzwiebeln ins Netz stellen können.

Die hohe Zahl an möglichen Adressen ermöglicht es auch, neben Haushaltsgeräten noch weitere mit dem Internet zu verbinden – zum Beispiel Autos, Busse, Straßenlampen oder Litfaßsäulen.

Wir schreiben das Jahr 2022. Ich sitze an meinem Schreibtisch und schaue auf den Rechner, der nur noch so groß ist wie eine Münze. Wie immer bei diesem Anblick erinnere ich mich an früher, als Desktop-PCs noch so klobig waren, dass man sie unter den Tisch stellte, wo sie Lärm machten.

Die Laptop-Besitzer lächelten damals darüber und lobten ihre eigene Mobilität. Heute passen Mobilrechner in die Jackentasche, und wenn sie da mal rausfallen, dann merkt man es gar nicht mehr. Aber das ist auch nicht so wichtig, denn man kann sie an jeder Ecke neu kaufen und sie kosten nicht mehr als zehn chinesische Yuan.

Ein akustisches Signal reißt mich aus den Gedanken. Eine neue Mail ist eingetroffen:

Moin Robi,
Ich hatte dir das gestern schon gemailt. Ich muss dringend entkalkt werden! Der Inspektionszeitraum ist längst abgelaufen. Ich kann nicht mehr garantieren, dass der Kaffee morgen noch schmeckt.
Also komme mir in dem Fall nicht mit Beschwerden, okay?
Nicht so freundliche Grüße,
Wasserkocher

Ich stehe auf und gehe in die Küche, um den Wasserkocher zu entkalken.

Früher, so erinnere ich mich, hat man das gemacht, wenn man sah, dass es notwendig war oder aus einer Laune heraus. Nach dem Entkalken will ich mir ein Brot schmieren. Ich öffne den Kühlschrank und nehme die Butter heraus. Doch sie ist ranzig. Ich werfe sie weg und die Kühlschranktür zu.

Danach setze ich mich wieder an den Schreibtisch. Eine neue Mail ist eingetroffen:

Robert,
ich habe es mit Wohlwollen registriert, dass du mich geöffnet hast. Ein Blick hätte dir zeigen können, was im Argen liegt. Das mit der Butter habe ich dir schon vor Tagen mitgeteilt.
Hier der übliche Statusbericht:
Der Streichkäse geht morgen nach dem Frühstück alle. Hast du neuen besorgt? Mir ist nichts aufgefallen.
Generell, und das ist dir auch nicht neu, findet sich kaum etwas in mir, womit ich den Namen „gut gefüllter und sortierter Kühlschrank" verdiene.
Ach so, Rotwein gehört nicht bei mir rein. Zumindest nicht in dieser Jahreszeit.
Gruß,
Der Kühlschrank

Wir schreiben das Jahr 2023. Inzwischen antworte ich den Geräten nicht mehr, sondern nehme ihre Warnungen oder Hinweise nur noch zur Kenntnis und manche davon befolge ich.

Selbst dem Very-High-Speed-VSEC-DSL-Modul, das immer noch behauptet, bei ihm laufe alles einwandfrei, schreibe ich nicht mehr zurück, obwohl mir an manchen Tagen die Übertragungsgeschwindigkeit wie DSL vorkommt.

Menschen mailen untereinander nicht mehr, sie telefonieren lieber oder schreiben sich Briefe. Oder sie treffen sich in der Kneipe, um den ewig nörgelnden Geräten zu entfliehen.

ZU BESUCH BEI FAHRRAD KÖHLER

Es wird warm draußen und ich will was für meine Fitness tun. Radfahren lautet das Ziel, aber nicht mit dem Fahrrad, das im Hof steht und im Winter keinen Millimeter bewegt wurde. Das hat nämlich einen komischen Lenker, einen sogenannten „Multifunktionslenker“, wie mir das Internet verrät. Ich würde es eher Hirschgeweihlenker nennen.

Seit dem Kauf des Fahrrades vor drei Jahren bei Francis drei Häuser weiter ist mir dieser Lenker unangenehm, was vermutlich der Grund ist, warum ich das Rad so selten benutzt habe. Ein neues, beziehungsweise ein gebrauchtes neues soll her. Man mag jetzt einwenden, dass es billiger wäre, einfach den Lenker zu tauschen, aber … nein, ich will ein neues gebrauchtes Rad.

Ein Bekannter erzählt mir, dass sich Francis zur Ruhe gesetzt hätte und dass zwar jemand anderes den Laden führt, aber es wäre alles nicht mehr so wie früher. Schade, Francis wäre meine erste Wahl gewesen. Der Bekannte empfahl mir Fahrrad Köhler, oben am U-Bahnhof Rehberge, der sei auch noch traditionell Wedding und die Preise wären wie bei Francis.

Gut, dann probiere ich mal den anderen traditionellen Weddinger.

Wenn das Auge beim Kauf eine Rolle spielt, dann würde man, bei Fahrrad Köhler angekommen, gleich wieder kehrtmachen. Moderne, fabrikfrische Räder ab tausend Euro findet man hier nicht und blitzblank geputzte Verkaufsräume ebenso wenig.

Das Haus ist eingezäunt und Köhler nutzt die Gerüste, um daran die Räder anzuschließen. Im Schaufenster steht ein einzelnes Fahrrad, völlig verstaubt und mit platten Reifen.

Der Ladenraum ist dreckig, überall an den Rädern, an den Wänden, im Türrahmen hängen mit Gaffer Tape befestigte Zettel, auf denen Telefonnummern oder irgendwelche kryptische Hinweise stehen. Auf dem Verkaufstisch stapelt sich Werkzeug und bewegen kann man sich gar nicht. Überall stehen Räder herum. Der Laden ähnelt einem Schiebepuzzle. Die Kunden müssen rausgehen, dann wird hin und her geschoben und im günstigen Fall erhält der Kunde nach zehn Minuten sein Rad.

Herr Köhler ist bereits siebzig und seine beiden Mitarbeiter, die hinten in der einsehbaren Werkstatt schrauben, sind auch nicht jünger. Warum arbeiten die noch, frage ich mich und gebe mir selbst zwei Antworten: Entweder sind Fahrräder ihre Leidenschaft oder sie müssen.

Herr Köhler tritt mit mir vor den Laden und zeigt mir die Räder. Auf allen kleben ebenfalls Zettel. Kaufräder und Reparaturräder stehen nicht getrennt. „Suchen Sie sich eins aus“, fordert mich der alte Herr auf.

„Das da.“ Ich zeige auf ein grünes Rad.

„Das ist ein Reperaturrad.“

„Dann das.“

„Das ist auch ein Reparaturrad. Nehmen Sie doch das hier, das steht zum Verkauf.“

„Ok, das nehm ich. Der Lenker gefällt mir. Der ist klassisch.“

„Gut, das müssen wir erst noch reparieren.“

Wer bei Fahrrad Köhler ein Rad kaufen will, sollte Zeit mitbringen, denn der Chef ist altersbedingt nicht mehr gut zu Fuß. Es dauert ein paar Minuten, bis er das Rad in den Laden und dann in die Werkstatt geschoben hat.

In aller Ruhe will mir Herr Köhler erzählen, was alles repariert werden muss. In dem Moment kommt ein Türke herein. Herr Köhler lässt mich stehen und berät den Türken. Der nimmt kein bestimmtes, sondern das erstbeste Rad.

Die Hektik, die er an den Tag legt, stört die Behäbigkeit des alten Herrn Köhler. Zudem macht es den Eindruck, als brauche er das Fahrrad nur für einen bestimmten Zweck – vielleicht will er eine Bank überfallen. Schnell ist das Geschäft über die Bühne gebracht und Herr Köhler steckt sich hundertfünfzig Euro in die Hosentasche. Anschließend nimmt er sich wieder Zeit für mich, erklärt mir alles haarklein und teilt mir mit, ich solle übermorgen wiederkommen, dann sei das Rad fertig.

Zwei Tage später bringe ich gleich mein altes Rad mit. Über den Lenker habe ich eine blaue Mülltüte gezogen und schließe es zwei Häuser weiter an einer Straßenlampe an.

Ich muss mich in eine Schlange einreihen. Plötzlich tauchen hinter mir vier Spanier auf. Um Himmels willen, die sind ja überall! Sie unterhalten sich darüber, ob der Besitzer Englisch spricht.

Spanisch spreche ich nicht, ich kenne nur das Wort für „Englisch" und einen Satz, den ich mir beigebracht habe. „Fuera de mi camino" soll in etwa „Geht mir aus dem Weg!" heißen, aber womöglich spreche ich das falsch aus und die verstehen so etwas wie „Toll, dass ihr da seid!", denn ich werde immer umarmt, wenn ich dazu auffordere, mir Platz zu machen.

Als ich endlich dran bin, fällt ihm auf, dass der Hinterreifen defekt ist. Also schiebt er das Rad zurück in die Werkstatt und sagt mir, ich solle in einer halben Stunde wiederkommen. Schnell verlasse ich den Laden und bin froh, von den Spaniern nicht behelligt zu werden – womöglich hätte ich für die noch übersetzten müssen.

Als ich wiederkomme, ist von denen nichts mehr zu sehen. Vermutlich sind sie bald nach mir erfolglos abgezogen. Beim abschließenden Test fällt Herr Köhler auf, dass die Glühbirne in der Vorderlampe nicht funktioniert. Sofort alarmiert er seine beiden Mitarbeiter und das Rad kommt zurück in die Werkstatt.

Kurz überlege ich anzumerken, dass ich die Lampe gar nicht benutzen werde, weil ich Einstecklampen verwende, aber die Beflissenheit, mit der sich Herr Köhler für das Malheur entschuldigt, bringt mich davon ab.

Als schließlich alles erledigt ist, schaut er sich draußen mein altes Rad an. „Warum ist da eine Mülltüte über dem Lenker?“, fragt er irritiert.

„Regenschutz“, sage ich, ohne nachzudenken. Die Sonne scheint und es ist dreißig Grad warm.

Herr Köhler reibt sich nachdenklich das Kinn: „Ist das auch wirklich Ihr Fahrrad?“

Ich bejahe und weiß zugleich, dass er die Frage stellen muss, gerade hier im Wedding. „Ich kann Ihnen zwanzig Euro dafür geben“, sagt er dann.

Ich bin enttäuscht, denn ich hatte mehr erwartet. Wie er auf die Summe kommt, ist mir schleierhaft. Vielleicht wirft er in Gedanken einen Würfel und die zwei ist gefallen. Wahrscheinlich denkt er sich, wenn er den Lenker austauscht, wird er es für hundert Euro wieder los. Ich seufze und akzeptiere das Angebot.

Zwei Monate später bringe ich das platte Rad meiner Partnerin zu Francis, weil ich zu faul bin, es zu Köhler zu schieben. Francis ist im Laden und alles ist wie gewohnt. Vermutlich hat mir der Bekannte Unsinn erzählt oder hat ihn weitergeben.

DAS UNGLÜCK UND SEINE FOLGEN

„Ich kann so nicht weitermachen“, schreit es nachts um zwei Uhr in einem Innenhof im Wedding. Eine ältere Frau klettert auf das Fensterbrett. „Ich hasse dich. Ich werde dich verlassen.“ Die Frau löst eine Hand vom Fensterrahmen und will gestikulieren, doch dann verliert sie den Halt, schreit auf und stürzt sechs Meter tief hinab.

Wenig später kommt ein Mann, weitaus jünger als die Frau, zum Fenster gelaufen. Er gerät in Panik, als er erkennt, was passiert ist und klettert ebenfalls auf den Fenstersims. Er beginnt zu schreien, ist völlig außer sich. Im Hausflur und im Hof schalten sich die Lichter ein. Eine Tür wird aufgerissen. Hausbewohner und Polizei stürzen in den Hof. Der Mann im Fenster verliert die Nerven, stürzt herunter und bleibt wie die Frau tot liegen.

Als ich die Meldung eine Stunde später auf Facebook las, war mein erster Gedanke: Eine Wohnung wird frei.

Doch gleich griff in mir ein moralischer Filter, der eine zwar sachlich richtige, doch zugleich zu verachtende Einsicht zurückhalten wollte. Ich schüttelte den Kopf, um den Gedanken zu vertreiben, doch es half nicht. Immerhin hielt ich mich zurück, meine Erkenntnis zu posten. Das hätten viele falsch verstanden.

Unter der Meldung erschien ein Kommentar: „Carina und Holger, das seid ihr doch nicht, oder?“ Eine merkwürdige Nachfrage, wenn ich es genau betrachtete. In einem solchen Fall ruft man schnell an, um sich zu vergewissern, aber schreibt nichts auf Facebook.

„Doch, sind wir“, könnten Carina und Holger jetzt posten und einen Smiley dahintersetzen. Gerd, den Kommentator, kannte ich ebenso wie Carina und Holger. Er hatte eigentlich keinen Grund für seine Nachfrage. Das Unglück ereignete sich in der Amsterdamer Straße, Carina und Holger wohnten aber in der Malplaquetstraße. Das weiß Gerd. Außerdem ist Holger nicht siebenundzwanzig Jahre alt wie der verstorbene Mann und Carina nicht siebenundvierzig Jahre. Gerd kennt das Alter von Holger, das von Carina vielleicht nicht, denn sie spricht nicht gerne darüber. Außerdem saß Holger zur Tatzeit mit Sicherheit in der Stammkneipe, was Gerd eigentlich wissen müsste, und Carina schlief um diese Uhrzeit schon.

Ein weiterer Kommentar erschien. Holger antwortete: „Doch, sind wir."

Am Morgen erzählte ich Lea davon. Sie hatte bei mir übernachtet, wie meistens von Freitag auf Samstag. Lea, frischgebackene Besitzerin einer Eigentumswohnung, lebte in dem Haus in der Amsterdamer Straße.

„Wenn das diese Säufer waren ...", sagte sie und schwieg. Noch wussten wir nichts Genaues.

Als ich am Abend zu ihr ging, schaute ich mir den Hinterhof näher an. Ich konnte kein Blut erkennen, aber auch keine sonstigen Spuren wie geborstene Gehplatten, eingedellte Mülltonnen, einen eingerissenen Zaun oder was auch immer kaputt gehen mochte, wenn zwei Körper in einem Hof aufschlagen. Ich fühlte mich wie ein Gaffer, der Stunden zu spät kommt.

Auf den Fotos auf Facebook waren Tragen mit Leichensäcken zu sehen gewesen, die von der Gerichtsmedizin abtransportiert wurden. Da hatte ich mich gefragt, wie die Reporter von BILD oder dem Kurier so exklusiv an die Fotos gelangen konnten. Bekamen sie einen Anruf von der Polizei, sprangen aus dem Bett und fuhren so schnell es ging zum Tatort? Das Unglück war am Wochenende geschehen. Was war, wenn der Reporter gefeiert hatte? Ich stellte mir ein Telefongespräch vor. „Sorry. Ich habe getrunken und bin nicht mehr fahrtüchtig. Ich versuche, einen Kollegen zu erreichen. Lasst euch Zeit am Tatort, okay?"

Arbeiteten die Reporter im Schichtdienst oder fuhren sie Tag und Nacht auf Streife – in der Hoffnung, in der Nähe zu sein, wenn irgendwo ein Selbstmord oder ein Verbrechen geschah?

Lea öffnete mir die Tür und meinte: „Ich habe mit Herrn Yamamoto, meinem Nachbarn, gesprochen. Es waren die Säufer aus dem Nebenhaus. Das ganze Haus war auf den Beinen und auch Yamamoto hat alles mitbekommen. Erst sie, dann er. Sie waren wohl stockbesoffen. Vermutlich haben sie überhaupt nichts mitbekommen. Oh Gott, ich bin so froh, dass ich bei dir übernachtet habe. Ich hätte die ganze Nacht kein Auge mehr zubekommen."

Ich nahm sie in den Arm. Gemeinsam schauten wir runter in den Hof.

„Die haben mich seit Monaten genervt", erklärte Lea. „Nicht nur mich, auch alle anderen im Haus. Beinahe jede Nacht haben sie sich gestritten und immer so laut. Da half kein Ohropax."

Jeder im Haus hatte vermutlich im Laufe des Tages am Fenster gestanden, über das Geschehen nachgedacht und sich eine Meinung gebildet. „Es ist ... es ist ...", Lea rang mit den Worten, „irgendwie auch gut, was passiert ist. Also wegen der Lärmbelästigung. Jetzt herrscht Ruhe."

Sie trat zum Schrank, holte einen Ordner heraus und gab ihn mir. Vorne darauf stand etwas von Aktives Zentrum und Sanierungsgebiet Wedding-Müllerstraße.

„Allerdings verliere ich durch die Sache auch Geld", sagte sie, schlug eine Seite auf und reichte mir den Ordner. Ich las:

Ihr Quartier wird 2020 anhand von fünf Faktoren analysiert. Geprüft wird, ob eine Verbesserung der Wohnlage eingetreten ist. Einer der Faktoren ist die soziale Zusammensetzung. Wenn sich die Qualität des Quartiers verbessert, erhöht sich der Kaufpreis für Eigentumswohnungen nachträglich um bis zu 15.000 Euro.

„Das ist natürlich blöd", sagte ich und Lea stimmte mir nickend zu. Ich dachte nach. „Der Mitbewohner von Herrn

Yamamoto, was ist mit dem? Yamamoto wollte den doch rausschmeißen, aber er geht nicht. Das ging doch bis vor Gericht, oder? Wenn das noch eine Weile so bleibt, dann könntest du das doch geltend machen. Der Mitbewohner ist doch irgendwie gefährlich, wenn der die Kündigung nicht akzeptiert. Und eure Terrassen liegen direkt nebeneinander. Er könnte rüberklettern und dir was antun."

„Der ist letzten Monat ausgezogen", sagte Lea.

Ich klappte den Ordner zu und nahm sie wieder in den Arm.

„Bis 2020 ist doch noch Zeit", versuchte ich Hoffnung zu wecken und suchte nach Worten. Was mir schließlich einfiel, war vielleicht das Einzige, was in dieser Situation angebracht schien: „Es kommen bestimmt wieder schlechtere Zeiten."

VON DER VERGANGENHEIT IN DIE GEGENWART

Wir schreiben den 24. Juli 1990. In der Kneipe *Bistro Montana* in Nassau an der Lahn, Rheinland-Pfalz, sitzen zwei junge Männer am Tresen. Der linke heißt Dietrich, wird aber in etwa zehn Jahren seinen Namen zu Robert Rescue ändern. Der andere heißt Klaus-Dieter mit Bindestrich, der in ein paar Jahren seinen Namen zu Klaus ohne Bindestrich kürzen wird. Vor ihnen steht jeweils ein Alt-Bier. Außer ihnen und der Bedienung, die am anderen Ende des Tresens zu tun hat, ist niemand in der Kneipe.

„Vielleicht bin ich später mal irgendwo, wo es kein Alt-Bier gibt", sagt Dietrich, nachdem er einen Schluck genommen hat.

Exkurs: Mit dieser Prognose lag ich richtig. In Berlin gibt es wenige Lokale mit Alt-Bier. Vor Jahren habe ich mal bei einem Inder eins getrunken. Keine Ahnung, warum ausgerechnet ein indisches Restaurant Alt-Bier auf der Karte hat. Es hat fürchterlich geschmeckt und mich fragen lassen, wieso ich in jungen Jahren das Zeug fässerweise getrunken habe.

„Was?", fragt Klaus-Dieter und nimmt ebenfalls einen Schluck.

„Ich bin gerade in der Stimmung, über die Zukunft nachzudenken. Ich meine, du ziehst nächste Woche nach Krefeld, um dort Verfahrenstechnik zu studieren. Ein Studium bedeutet viele Möglichkeiten für die Zeit danach."

„Darüber denke ich jetzt nicht nach", erwidert Klaus-Dieter. „Ich studiere halt. Ich weiß nicht, was danach kommt. Liegt ja in der Zukunft."

„Eben drum“, ruft Dietrich. „Wir interessieren uns doch beide für Science-Fiction, also sollte dich die Zukunft interessieren. Was bedeutet das für uns?“

„Ich sage doch, ich weiß es nicht“, entgegnet Klaus-Dieter. „Erst mal Studium und dann mal sehen. Vielleicht mache ich dann was ganz anderes. Computer interessieren mich auch und da sehe ich ein großes Potential. Ich könnte Geld sparen und mir so einen PC kaufen und mit dem Programmieren anfangen. Habe ich ja mit dem C64 schon gemacht.“

Das Gespräch stockt. Beide trinken von ihrem Bier.

„Was meinst du, wann wird die Menschheit den Mars besiedeln?“, fragt Dietrich kurz darauf.

„Nicht vor 2015, denke ich.“

„Ich bin für 2010.“

Wieder herrscht eine kurze Pause.

„Was soll das heißen, du machst später vielleicht was anderes?“, fragt Dietrich. „Ich meine, du studierst was Ordentliches. Du wirst Ingenieur. Damit bekommst du einen sicheren Job bis zur Rente, viel Geld und Verantwortung.“

„Vielleicht ist es genau das, was ich nicht will.“

Exkurs: Ich habe ihn bislang nicht dazu befragt, was der Grund dafür ist, dass er heute sein Geld mit Webdesign, Internet-Handel und Fotografie verdient. Meiner Erinnerung nach hat Klaus früher nie fotografiert. Vielleicht hat er eines Tages eine Kamera zur Hand genommen und festgestellt, dass der Umgang damit ihn mehr interessiert, als Lacke oder Reinigungsmittel herzustellen.

„Werden wir uns noch regelmäßig sehen, wenn du nach Krefeld ziehst?“, fragt Dietrich. „Du hast ja ein Auto, aber ich nicht. Ich kann dich nicht besuchen kommen, will es auch gar nicht. Ich mag Krefeld nicht. Es ist so wie dieses Kaff hier, nur mit mehr Einwohnern.“

„Ich werde fast jedes Wochenende hier sein. Wenn nicht, können wir ja auch telefonieren. Solange du aus Nassau nicht wegziehst, weiß ich ja, wo du bist."

„Vielleicht ziehe ich auch bald weg", erklärt Dietrich. „Wenn ich jetzt das Fachabitur bestehe, dann weiß ich nicht, was ich danach machen möchte. Zu Leifheit als Kunststoff-Formgeber gehe ich nicht zurück. Wenn der Christian aus Berlin da ist – du weißt doch, der Punk – dann denke ich manchmal, ich sollte seinem Beispiel folgen und nach Berlin gehen."

„Nach Berlin?", ruft Klaus-Dieter. „Nach Dunkeldeutschland zu den Ossis? Nee, mich kriegst du da nicht hin."

Exkurs: Bislang war er nur einen Tag in der Hauptstadt. Während der Studentenproteste 1997 kam es zu einer Massenkundgebung in Berlin, an der Klaus als Mitglied des AStA der Universität Krefeld teilnahm. Abends trafen wir uns kurz in einem Kulturprojekt-Laden, wo ich Kurzfilme zeigte. Es war voll und hektisch und er wollte mit seinen Leuten auch gleich weiter. Unsere Begegnung dauerte in etwa vier Minuten.

„Dann werden wir uns gar nicht mehr sehen, fürchte ich", sagt Dietrich.

„Doch, hier in Nassau", erklärt Klaus-Dieter. „An Weihnachten oder im Sommer. Der Christian kommt doch auch mehrmals im Jahr hierher. Da fährst du mit und gut ist."

Exkurs: So ist es geschehen. Aber die Leute, die ich aus dem *Bistro Montana* kannte, hatten überhaupt nicht bemerkt, dass ich weggezogen bin. Sowohl dieser Umstand wie auch der, dass meine Mutter als einzige Bezugsperson im Ort wegzog an den Rhein, haben mich ab 1999 dazu bewogen, der heimatlichen Kleinstadt fernzubleiben.

„Dann werden wir uns sicherlich viel zu erzählen haben, wenn wir uns treffen“, sagt Dietrich.

„Sicher werden wir das. Ich von meinem Studium und du von deiner Zeit in Berlin. Weißt du schon, was du da vorhast?“

„Na ja, weil ich ja für die Rhein-Lahn-Zeitung schreibe, werde ich wohl ein Volontariat bei einer großen Berliner Zeitung machen. Danach bin ich dann Journalist.“

Exkurs: Ich habe mich schließlich als Praktikant bei einigen Zeitungen beworben, wurde aber überall abgelehnt. Ich habe damals einen entscheidenden Fehler in meiner Selbsteinschätzung gemacht. Ich ging davon aus, dass Berlin nur auf mich gewartet hat. Vor Ort musste ich dann feststellen, dass ich einer von vielen war, der so dachte.

„Und wenn das nicht klappt?“, fragt Klaus-Dieter.

„Warum soll das nicht klappen?“, gibt Dietrich zurück. „Meine Reportagen über die geschichtlichen Hintergründe von Straßennamen als auch meine Berichte über die Eröffnung von Aussichtsplattformen kommen in der Zeitung gut an.“

„Na ja, mal angenommen, dass es in Berlin anders ist als hier“, gibt Klaus-Dieter zu bedenken. „Ich meine, sicherlich ist es dort anders als hier. Also, was ich meine, falls es mit der Zeitung nicht klappt, was machst du dann?“

„Keine Ahnung“, sagt Dietrich. „Ich schreibe ja Geschichten. Vielleicht veröffentliche ich die dann und werde berühmt.“

Exkurs: Mein erstes Solo-Buch mit Geschichten hat Klaus beim Verlag gekauft und auf Facebook ein Foto veröffentlicht, als er das Päckchen erhalten hat. Ich schrieb ihm dann und fragte, ob es ihm gefallen hat. Er antwortete nicht. Ich wies ihn später auch auf die Veröffentlichung meines Romans hin, aber er reagierte nicht. Als mein zweites Solo-Buch rauskam, teilte ich ihm das erneut mit, doch wieder hörte ich nichts von ihm. Nun habe ich zwei Vermutungen: Entweder hat er alle meine Bücher zuhause, sie haben ihm gefallen, aber er mag es nicht, darüber zu reden beziehungsweise zu schreiben oder aber ihm gefiel schon das erste nicht.

Unser Kontakt via Facebook beschränkt sich seit vier Jahren auf den Austausch von Links. Zugegeben, eine solche Zukunft hätte ich mir seinerzeit im *Bistro Montana* nicht vorstellen können. Aber immerhin, und das ist das Wichtigste, haben wir nach vielen Jahren wieder Kontakt.

„Trinken wir noch ein Bier?", fragt Dietrich.

„Nein", sagt Klaus-Dieter. „Ich will noch etwas fernsehen und was lesen. Hier ist ja auch nichts los."

„Du hast recht. Lass uns abhauen."

„Was machst du noch so?", fragt Klaus-Dieter.

„Vielleicht auch fernsehen. Oder ich schreibe den Artikel über die Bienengasse fertig."

„Bienengasse?", fragt Klaus-Dieter. „Was gibt es da für geschichtliche Hintergründe?"

„Da lebte der letzte Bienenzüchter von Nassau. Wilhelm Schmalkau. 1886 bis 1962. Ein großer Mann seiner Zunft. Die Leute werden es mir danken, wenn sie in der Zeitung davon lesen."

„Gab es noch andere Bienenzüchter, die in der Bienengasse lebten?", fragt Klaus-Dieter.

„Nein", antwortet Dietrich. „Meinen Recherchen nach war er der Einzige. Sie wurde nach seinem Tod ihm zu Ehren umbenannt. Vorher hieß sie Schustergasse."

„Weil da ein Schuster wohnte?", erkundigt sich Klaus-Dieter.

„Das weiß ich gar nicht. Aber du bringst mich da auf eine Idee. Ich sollte am Montag mal zum Stadtarchivar gehen. Womöglich steckt da eine neue große Story dahinter."

ICH FRAGE JA NUR

„Geht's oder soll ich helfen?"

Vor der Kneipe habe ich ihr ein paar Minuten zugeschaut, wie sie sich abmüht, den Koffer auf dem Gepäckträger zu befestigen. Dabei habe ich eine Zigarette geraucht und überlegt, ob ich meine Hilfe anbieten soll oder nicht. Ich musste es tun, weil ich ja ein Mann bin und Männer bieten Frauen immer Hilfe an. Oder, um die altbackenen Rollenbilder mal wegzulassen – ich bin ein Mensch, der sich mit ihr draußen befindet. Oder anders gesagt – sie ackert und ich bin nicht wirklich beschäftigt, ein Umstand, an dem ich was ändern sollte.

Dabei klingt meine Frage überheblich. Das „soll ich" hört sich an, als könnte ich helfen, wobei das gar nicht klar ist. Gut möglich, dass ich es auch nicht schaffen werde, den Koffer mit den Gummibändern auf dem Gepäckträger zu befestigen. Besser wäre es gewesen, ich hätte gefragt: „Geht´s, oder soll ich mal versuchen?" Wenn es dann nicht klappt, kann sie mir keinen Vorwurf machen. Ich könnte dann resignierend sagen: „Tja, da musst du wohl den Koffer in die Hand nehmen", auf meinen Platz zurückgehen, mir eine weitere Zigarette anzünden und mich darüber ärgern, dass ich nicht einmal so banale Sachen hinbekomme. Wenn es so kommt, sollte ich versuchen, das Beste aus der Situation zu machen und rufen: „Der Stefan, der ist Handwerker, der kann das bestimmt. Ich hole den mal nach draußen."

Womöglich will sie meine Hilfe auch gar nicht. Vielleicht ist sie eine von diesen modernen Frauen, die es anmaßend finden, wenn ein Mann seine Hilfe anbietet. Vielleicht sagt sie dann etwas Schreckliches und ich bin peinlich berührt. Die

Situation ist ohnehin schon unangenehm, denn bislang hat sie mir keine Antwort gegeben. Womöglich war ihr Schweigen schon die Antwort. „Verpiss dich", wird sie wohl damit meinen. Ich sollte die Zigarette ausdrücken, auf die Flasche Bier schauen, die fast leer ist, so etwas Unbeholfenes sagen wie: „Ich brauche wohl ein neues Bier", und dann das Weite suchen. Andererseits, warum gibt sie mir keine Antwort? Ich habe doch nichts Schlimmes gesagt! Nur meine Hilfe angeboten, egal, ob mit den richtigen oder den falschen Worten. Sie weiß meine Hilfe gar nicht zu schätzen, ist womöglich schlecht gelaunt oder generell unfreundlich. Eine Schreckschraube, die glaubt, alles richtig zu machen, und gerade deshalb alles falsch macht. Dann kann sie sich um ihre Sachen auch alleine kümmern.

Ich kann mir ja auch einreden, dass ich sie gar nicht gefragt und sie nicht bemerkt habe. Auf dem Mittelstreifen fährt eine Straßenbahn vorbei mit einer spannenden Werbung und die Joggerin, die gerade vorbeigelaufen ist, hat eine tolle Figur. Ach, da hinten auf dem Fahrrad fährt gerade mein ehemaliger Deutschlehrer. Und am Himmel, was sehe ich da? Eine Mondfinsternis! Die gibt es auch nicht alle Tage.

„Nein, danke. Ich komme schon klar", höre ich plötzlich von ihr. Ich schaue hin. Der Koffer ist Eins-A auf dem Gepäckträger befestigt. Soll ich jetzt etwas antworten?

Nur was? „Kein Problem", hört sich blöde an. „Dann bin ich ja beruhigt", ist nicht passend. Das antwortet man, wenn jemand auf der Straße hinfällt und er auf Nachfrage erklärt, dass es ihm gutgeht.

„Super", rufe ich. Jetzt kann ich mit einem guten Gewissen gehen und die Sache auf sich beruhen lassen.

„Eine Frage hätte ich aber", sagt sie jetzt. „Weißt du zufällig, welcher Idiot sein Fahrrad an meins angeschlossen hat?"

Oh je, denke ich, und fange an zu schwitzen.

Jetzt stecke ich in der Klemme.

NIEDER MIT HERRN DRAGHI

Vor der Filiale der Berliner Bürgerbank bleibe ich stehen und gehe noch mal in mich. Will ich das wirklich tun? Will ich Frau Paschke bloßstellen und verantwortlich machen für das Geschäftsgebaren ihres Arbeitgebers? Aber ich muss meinem Ärger Luft machen und der Chef der Bank ist natürlich nicht greifbar. Es muss sein.

Ich gehe weiter, betrete die Filiale und stelle mich in die Warteschlange vor dem Info-Schalter. Frau Paschke hat Dienst. Ich bin sicher, sie wird mich verstehen. Es dauert rund zehn Minuten, bis ich drankomme.

„Frau Paschke, ich muss mich bitterlich beschweren über die Geschäftspraktik Ihrer Bank. Seit mehr als zwanzig Jahren bin ich treuer Kunde und wurde von Ihnen und Ihren Kollegen immer gut behandelt. Aber seit kurzem weiß ich, dass das alles eine Farce war. Für Sie bin ich kein ehrenwerter, sondern ein schäbiger Privatkunde, mit dem man alles machen kann.

Haben Sie bemerkt, dass ich mein Tagesgeldkonto aufgelöst und das Geld auf ein Konto bei einer anderen Bank umgebucht habe? Erinnern Sie sich? Das Konto, das ich vor fünf Jahren bei Ihnen eröffnet habe. Mein für lange Zeit Erspartes, das mir den Lebensabend sichern sollte, indem es gute Zinsen erwirtschaftet. Ja, das habe ich geglaubt und mich von Ihnen täuschen lassen. Alle Vierteljahre habe ich auf den Kontoauszug geschaut und was habe ich an Zinsen bekommen? Neun Cent! Neun Cent alle drei Monate. All die Zeit habe ich geglaubt, dass ein Zinssatz von null Komma null ein Prozent normal sei, eine Folge der Globalisierung oder so. Dann habe ich vor kurzem einen Bericht gesehen über diese Euro-Bank und diesen

Herrn Draghi und dass der einfach so die Zinsen senken kann, wie er will. Der sieht echt teuflisch aus. Fast so wie der Herr Ackermann von der Deutschen Bank. Und weil niemand diesem Herrn Draghi die Leviten liest, bekomme ich nur null Komma null ein Prozent Zinsen auf mein Tagesgeld. Das ist doch eine Frechheit!

Ich habe meinen Onkel Werner angerufen. Also eigentlich wegen seines Gesundheitszustandes, aber irgendwann habe ich ihm von meinen Finanzen erzählt, weil ich mir halt ein Erbe verspreche, und da hat er gesagt, dass er früher auch mal ein Tagesgeldkonto hatte und da hat er monatlich fünf Mark für bekommen. Fünf Mark, haben Sie verstanden? Das sind zwei Euro sechsundfünfzig. Zwei Euro sechsundfünfzig im Monat! Und was bekomme ich derzeit bei Ihnen? Drei Cent pro Monat! Und daran ist dieser Herr Draghi schuld und Sie sind schuld, weil Sie auf den hören! Wer ist denn dieser Herr Draghi überhaupt? Was hat der zu sagen mit seiner Euro-Bank?

Sie beide zerstören mir meinen Lebenstraum, denn ich habe lange geglaubt, ich könnte mir mit dem Tagesgeldkonto eine Million zusammensparen. Natürlich nicht in zwei, drei Jahren oder so, da bin ich realistisch. Aber vielleicht in zehn, fünfzehn Jahren.

Ich habe mal versucht auszurechnen, wie lange es dauert, bis ich mit drei Cent Zinsen pro Monat die Million erreichen kann. Ich kam auf 27.856 Jahre.

Wie soll ich das bitte schaffen? Glauben Sie, als Kunde der Berliner Bürgerbank wäre man quasi unsterblich? Wenn es so wäre, würde ich jetzt nicht hier stehen und Ihre Bank in Grund und Boden verdammen. Sie kennen die Sachlage doch besser als ich. Sie hätten mich bei einem meiner Besuche hier, wenn ich Münzgeld vorbeibringe, zur Seite nehmen und mir im Vertrauen berichten können, was schief läuft. Sie hätten darauf hinweisen können, dass es andere Banken gibt, die bessere Konditionen anbieten. Damit hätten Sie sich nicht loyal gegenüber Ihrem Arbeitgeber verhalten, aber mir, Ihrem Kunden, hätten Sie Menschlichkeit und Ehrlichkeit vermittelt.

Ich habe Ihre fiese Masche durchschaut, Frau Paschke. Vor ein paar Tagen war ich nebenan bei der Santana-Bank und der Herr Roski, der Filialleiter, hat mir die Augen geöffnet.

Wissen Sie, wie viel ich dort an Zinsen bekomme? Wollen Sie es wissen? Null Komma fünfunddreißig Prozent. Da machen Sie Augen, was? Die Santana-Bank hat nämlich so eine Internet-Bank. Da arbeiten nur Computer und Roboter, und weil die keine Gehälter bekommen und für die Kaffeemaschine keine Kapseln gekauft werden müssen, können die so viel Zinsen zahlen. Da habe ich gleich gesagt: *Herr Roski, das mache ich. Ich eröffne noch heute ein Konto bei Ihnen im Internet und buche flugs mein Geld um.* Da hat mich der Filialleiter an den Schultern gepackt und gesagt, dass das eine gute Entscheidung sei und dann hat er mir tief in die Augen geschaut und gesagt: *Herr Rescue, wo wir gerade über Ihre Geldanlage gesprochen haben. Wie sieht es eigentlich mit Ihrem Girokonto aus?* Und dann hat er mir die Wahrheit, die ganze Wahrheit erzählt, Frau Paschke. Ich bin bleich geworden, können Sie sich das vorstellen? Ich habe mich gefühlt, als hätte mich jemand von der wirklichen Welt entkoppelt und mir die Matrix gezeigt. Viele Jahre lang habe ich bei Ihrer Bank Kontoführungsgebühren gezahlt. Lange Zeit habe ich geglaubt, das wäre normal. Zumal ich kürzlich gelesen habe, dass einige Banken ihre Gebühren erhöhen. Sieben Euro habe ich jahrelang monatlich bei Ihnen zahlen müssen und was habe ich dafür bekommen: drei Cent Zinsen! Und an all dem ist auch der Herr Draghi schuld und Sie tun nichts dagegen!

Der Herr Roski hat mir sogar erzählt, dass ich bei der Santana-Bank jeden Monat zwei Euro erhalte, wenn mindestens drei Lastschriften über das Konto laufen und einen Euro bekommt man, wenn man mindestens sechshundert Euro Geldeingang pro Monat vorweisen kann. Ich habe ihn dann gefragt, wie seine Bank solche Prämien zahlen kann.

Da hat er gesagt: *Wissen Sie, Herr Rescue, unsere Zentrale befindet sich in einer Baracke in der Einkaufspassage von Mönchengladbach, nicht in einem Hochhaus im Bankenviertel von Frankfurt am Main. Wir betreiben kein Investmentbanking und investieren nicht in Hedgefonds. Wir sind nur deutschlandweit tätig und vergrößern uns nicht durch Zukäufe. Unser ganzes Streben gilt dem Wohl unserer Privatkunden. Dafür bürge ich mit meinem Leben.*

Jetzt frage ich Sie, bekomme ich solche Prämien bei der Berliner Bürgerbank? Nein! Alles, was ich hier kriege, ist ein Arschtritt und drei Cent Zinsen. Aber damit ist jetzt Schluss, Frau Paschke! Ich habe genug von Ihrer Scheißbank! Ich kündige! Ich kündige! Ich kündige!"

Frau Paschke lächelt mich an.

„Guten Tag, Herr Rescue, wie kann ich Ihnen helfen?"

Ich kann es nicht tun, geht es mir durch den Kopf. Sie ist immer so freundlich zu mir. Neulich hat sie mir bei einem Online-Banking Problem geholfen und sogar mit den Nerds aus der IT-Abteilung gesprochen, damit das Problem schnell gelöst wird. Sie hat mir einen Kaffee angeboten und dann haben wir gemeinsam gelacht über die fehlenden sozialen Skills der IT-Abteilung. Ich habe ihr erzählt, dass ich beinahe auch mal ein Nerd geworden wäre, mich dann aber für den Weg des Künstlers entschieden habe. Sie fragte nach, was ich denn so schreibe und ich habe angefangen zu erzählen. Sechs Stunden später verließ ich die Filiale und fühlte mich zum ersten Mal in meinem Leben verstanden.

„Frau Paschke, ich muss mich ...", beginne ich und stocke.

„Ach herrje, Herr Rescue! Gibt es wieder Probleme mit dem Online-Banking?"

„Nein, nein. Frau Paschke, ich muss mich ... mal wieder erleichtern – um gesammeltes Münzgeld. Hier, eine ganze, schwere Tüte voll."

Kündigen werde ich auf jeden Fall, aber das überlasse ich der Santana-Bank. Ich werde Frau Paschke nicht mehr unter die Augen treten können. Sie wird mich verachten, wenn sie von meiner Kündigung erfährt. Mit hängenden Schultern verlasse ich die Bankfiliale und schaue nicht zurück. Und das alles wegen dieses Herrn Draghi und seiner Euro-Bank.

DIE SCHANDFLECKEN

Ich weiß über meine Hausverwaltung eigentlich nichts Gutes zu berichten. Wenn man sie anruft, nimmt niemand ab. Wenn man ihr eine E-Mail schickt, dann bekommt man keine Antwort. Alle im Haus hoffen, dass nichts kaputt geht – also keine defekte Heizung oder ein tropfender Wasserhahn –, weil man sonst damit alleingelassen wird.

Aber vor kurzem gab es etwas, was der Hausverwaltung wirklich am Herzen zu liegen schien – die Haustür. Jede Woche tauchte ein Mitarbeiter des Facility Managements auf und übermalte das Gekritzel von irgendwelchen Leuten, die sich offenbar für Graffiti-Künstler hielten.

In der Tat wirken diese sogenannten Tags, die laut Definition Signaturen von Graffiti-Sprayern sind, auf mich nicht kunstvoll. Offensichtlich scheinen heutzutage die meisten Künstler auf die Schaffung aufwendiger Bilder zu verzichten und sprayen gleich ihr Namenszeichen. Gelegentlich erwische ich mich bei der Vorstellung, einen solchen Sprayer oder Tagger mal auf frischer Tat zu erwischen. Ich würde ihn zur Rede stellen und auffordern, mir seine „Kunst" zu erklären. Wäre ich nicht seiner Meinung, würde ich seinen Kopf vermutlich gegen die Tür hämmern und ihm nahelegen, sich eine andere Beschäftigung zu suchen.

So aber wurde ich jede Woche Zeuge des aussichtslosen Kampfes, den die Hausverwaltung führte. Kaum war die Tür frisch hellbraun gestrichen, dauerte es keine zwölf Stunden, bis sie wieder aussah wie zuvor.

Das Facility Management hatte die hellbraune Farbe anscheinend tonnenweise gehortet.

Trotzdem schaffte die Hausverwaltung es nicht, die seit Jahrzehnten vor sich hingammelnden Hausflure zu streichen. Doch warum lag ihnen die Haustür so am Herzen?

Eine Antwort auf diese Frage dämmert mir, als ich bemerkte, dass sie die Wohnung unter mir sanierten.

Ein halbes Jahr stand sie leer, was angesichts der Wohnungsnot in Berlin der blanke Hohn ist. Zunächst vermutete ich, der Vormieter würde weiterhin Miete zahlen, doch diese Annahme war reichlich naiv. Weitaus realistischer ist, dass die Hausverwaltung die Wohnung schlichtweg vergessen hatte. Dann aber war sie ihr offenbar wieder eingefallen und natürlich wurde sie auf Vordermann gebracht, um sie für einen weitaus höheren Preis wieder zu vermieten.

In die Zeit der Sanierung fiel auch das Ereignis mit dem Farbeimer. Ein Nachbar hatte sich einen Eimer hellblaue Farbe aus dem Baumarkt geholt und diesen beim Aufschließen der Haustür fallengelassen. Anstatt die Folgen seines Malheurs zu beseitigen, resignierte er und legte den Plan, die Küche neu zu streichen, ad acta. Die nächsten Tage legten Nachbarn zwar Zeitungspapier aus, aber es half nichts. Jeder trug die Farbe ins Haus und verteilte sie dort, größtenteils im Hausflur. Das aber rief die Hausverwaltung auf den Plan, die sonst keinen Finger gerührt hätte, um die Sauerei zu beseitigen.

In Anbetracht der baldigen Neuvermietung schickte sie einen Reinigungstrupp. Bei der Gelegenheit erhielt die Haustür selbstverständlich wieder einen neuen Anstrich.

Uns Nachbarn im Hinterhaus gefiel der ungewohnte Eifer der Hausverwaltung, denn einige Tage später ging auf einer Treppenstufe unmittelbar vor dem Wohnungs-Kronjuwel die Kunststoffummantelung kaputt. Es dauerte keine zwei Tage, bis der Schaden repariert war.

Endgültig entzückt waren wir dann, als weitere zwei Tage später Sisalteppich verlegt wurde, wenn auch nur bis zum ersten Stock. Gut, wir wussten, wozu das diente, aber immerhin konnten wir uns für eine kurze Zeit an dreißig Stufen Wilmersdorfer Schick erfreuen. Übertrieben dagegen fanden wir das Klingelschild an der Einzimmerwohnung im Erdgeschoss. Mieter Heiko hatte dort die Terrarien für seine Echsen untergebracht und sich nicht die Mühe gemacht, die Klingel entsprechend zu kennzeichnen. Die Hausverwaltung wollte wohl den Eindruck vermeiden, dass irgendeine andere Wohnung leerstehen würde, weshalb sie kurzerhand dort einen Aufkleber mit dem Namen „Martin Schreyer" befestigt hatte. Heiko fand das nicht okay und riss das Etikett wieder ab.

Die Vermietung aber entpuppte sich als schwieriges Unterfangen. Ich selbst habe nur eine Wohnungsbesichtigung mitbekommen und da gab es keinen großen Andrang. Es waren nur fünf Leute da und von denen zogen drei gleich wieder ab.

Ich schaute im Internet nach und staunte nicht schlecht. Für knapp fünfundfünfzig Quadratmeter verlangte die Hausverwaltung 756 Euro warm. Viele der in der Suche angezeigten, vergleichbaren Treffer lagen in der Miete darunter, teilweise sogar die größeren Wohnungen. Zudem hatte die Hausverwaltung das kleinere der zwei Zimmer zur Hälfte zum Bad ausbauen lassen, so dass das Zimmer jetzt nur noch aus einem Gang und einer kleinen Nische bestand.

Das scheint, trotz Wohnungsnot, zum Problem zu werden. Zwei Monate waren inzwischen vergangen und niemand hatte Interesse an der Wohnung gezeigt. Vielleicht lag es an dem Präsentationsvideo auf der Website mit den Immobilienangeboten. Schöne Bilder vom Hof waren zu sehen, ebenso von dem Flur mit dem Sisalteppich. Am Ende des Videos sah man aber die mit Tags beschmierte Haustür. Manche Interessenten mochte der hohe Mietpreis abschrecken, andere wiederum der

Bezirk Wedding, aber womöglich gab es eine dritte Gruppe, die sich sagte, eine beschmierte Haustür, nein, das geht gar nicht.

Inzwischen wird die Haustür nicht mehr gestrichen und der Sisalteppich ist verschwunden, ebenso das Inserat aus dem Internetportal.

Mieter Heinz fragte mich neulich bei einem nächtlichen Treffen im Hof, ob ich einen Text darüber schreiben möchte, dass sie im Vorderhaus kein Kaltwasser mehr haben, sondern nur Warmwasser. Sogar in der Toilette. Ich schüttelte den Kopf und meinte, das wäre zu wenig Stoff für eine Geschichte. Er wirkte enttäuscht. Also trat ich auf ihn zu, klopfte ihm wohlwollend auf die Schulter und versuchte, ihn mit der Behauptung zu trösten, es handele sich dabei um ein Wunder Gottes und er solle es irgendwie vermarkten.

SCHRÖDERS

„Schröders."

Mein Gegenüber schaute mich überrascht an. Wir hatten uns am Tresen kennengelernt. Er hatte mich zugetextet und ich geschwiegen. Jetzt hatte ich ihn unterbrochen, musste es sogar, denn es war fünf Minuten vor Mitternacht und einmal musste ich es heute noch sagen.

„Was meinst du?", fragte er irritiert.

„Ich ... ich stimme dir zu", antwortete ich.

„Ich meinte das andere. Schröders. Was bedeutet das?"

„Das war Werbung", sagte ich wahrheitsgemäß und fuhr fort: „Ich muss aufs Klo. Bin gleich wieder da."

Als ich zurückkam, unterhielt er sich mit jemand anderem. Ich stellte mich an meinen Platz und schaute aus dem Fenster. Schräg gegenüber lag der Laden, den ich gerade erwähnt hatte.

Ich konnte mich noch gut an den Abend erinnern, als ich mit ein paar Freunden dort essen war. Als ich zur Toilette wollte, sprach mich plötzlich der Chef an: „Hast du Interesse, etwas Geld zu verdienen? Du könntest Werbung für mich machen. Nicht Flyer verteilen oder so was. Ich habe mir da was Besonderes ausgedacht. Du müsstest nur fünfmal am Tag den Namen meines Restaurants sagen. Einfach nur den Namen, nichts weiter. Du bist doch bestimmt viel im Kiez unterwegs und triffst da Leute. Ich zahle dir für jeden Tag fünf Euro. Gelegentlich kannst du das auch bei Facebook posten oder bei Twitter, je nachdem."

„Und wie willst du das kontrollieren?", fragte ich zurück.

„Ich vertraue dir", antwortete er. „Ich glaube, dass du jemand bist, der ein Vertrauen nicht enttäuscht."

„Und nur das eine Wort?", fragte ich ungläubig.

„Ja. Ich will Mundpropaganda machen, aber auf subtile Weise.

Kein ‚Ich habe gehört …' oder ‚Ich kenne da einen Laden …'. Die Leute sollen den Namen hören, gerne auch öfter und irgendwann auf meinen Laden stoßen und sich erinnern, dass sie ihn irgendwoher schon kennen. Es soll etwas Geheimnisvolles sein."

Ich ließ mich darauf ein. Der Chef hielt sich an seinen Teil der Abmachung. Er zahlte täglich fünf Euro auf mein Konto. Pro Monat etwa hundertfünfzig Euro.

Mitunter erledigte ich den Job beim Einkaufen. „Das macht zehn Euro achtundneunzig", sagte die Frau an der Kasse.

„Schröders", antwortete ich und hielt ihr einen Zwanzig-Euro-Schein hin. Sie schaute einen Moment merkwürdig, dann zahlte sie mir das Restgeld aus.

Anfangs postete ich auch auf Facebook. Beim ersten „Schröders" gab es tatsächlich drei Likes, aber vermutlich nur, weil die Leute nicht verstanden, was es bedeuten soll und das eben nett fanden. Die nächsten Male schon reagierte niemand mehr darauf.

An manchen Tagen, wenn ich wenig Lust verspürte, machte ich es mir einfach mit dem Job, indem ich trotzdem fünf Mal am Tag das Wort postete. Gelegentlich nutzte ich auch E-Mails dafür, in denen ich statt mit „Robert" mit „Schröders" unterschrieb. Manchmal konnte ich so mein Tagessoll erfüllen, und wenn es nicht reichte, ging ich eben einkaufen, in die Kneipe oder holte mir was zum Essen. Der Pizzabäcker musste mich für verrückt halten, wenn ich vor der Theke stand und während des Wartens in die Stille sagte: „Schröders."

Meine Freundin wurde auch Ziel meiner Werbung, aber sie nahm das nicht lange hin. Wir saßen beim Essen.

„Schröders."

Sie ließ das Besteck fallen. „Wie oft heute schon?"

„Zwei Mal."

„Dann mach jetzt den Rest, damit ich es hinter mir habe."

„Schröders, Schröders, Schröders."

Meine Freundin schwieg.

„Wollen wir denn mal wieder hingehen?", fragte ich.

„Ja. Onkel Wolfgang hat nächste Woche Geburtstag und wollte uns zum Essen einladen. Ich habe ihm gesagt, er soll im ..."

„Schröders."

„Ich weiß, wie der verdammte Laden heißt! Er soll da anrufen und einen Tisch reservieren. Von dir verlange ich, dass du die Werbung unterlässt, wenn ich bei dir bin."

Gelegentlich lief ich die Müllerstraße rauf und runter. An jeder Ampel sagte ich den Restaurantnamen zu meinem Nebenmann. Die Leute dachten wohl, ich sei so ein Irrer, der vor sich hinredet. Manchmal nahm ich auch das Smartphone und tat so, als würde ich telefonieren.

Gestern stand ich wieder am Tresen. Ich sprach mit einem Typen über die Gentrifizierung im Bezirk, als ich mit einem Mal sagte: „Schröders."

Mein Gegenüber reagierte nicht überrascht. Er lächelte kurz und erwiderte dann: „Konnopke."

Ich war irritiert. „Das eben war nicht mein Nachname", erklärte ich.

Wieder lächelte mein Gegenüber: „Meiner auch nicht."

ZUR HÖLLE MIT ALL DIESEN IDIOTEN

Wenn man mich fragen würde, welche Personengruppe auf jeden Fall in der Hölle landen und dort alle erdenklichen Strafen erleiden sollte, dann wäre meine Antwort eindeutig: die Kunden an der Discounterkasse, mich natürlich ausgenommen.

Ich fange mal mit diesen Deppen an, die aus nicht nachvollziehbaren Gründen stets auf der Höhe ihres Einkaufs bleiben wollen. Weil vor ihnen jemand das halbe Band mit Waren belegt hat, rücken sie nicht auf und hinter ihnen staut sich die Schlange. Im Trippelschritt einer japanischen Geisha folgen sie dem Rucken des Transportbandes und erst, wenn der Hintermann freundlich ruft: „Hey du Arschloch, kannst du bitte mal aufrücken?", geht ihnen ein Licht auf und sie verzichten auf die folgsame und treudoofe Begleitung ihres Einkaufes bis zu der Kassiererin.

Nicht minder schrecklich verhalten sich diejenigen Leute, die keinen Abstand zu dem Kassenband einhalten, sondern sich dagegenlehnen und sich auf dem Weg nach vorne regelrecht daran entlangschubbern, so als hätten sie an der Hüfte eine Krätze, die ihnen höllischen Juckreiz beschert. Wenn sich das Laufband bewegt und ihnen ein Sechserträger Wasser gegen den Ellenbogen haut, zucken sie überrascht zusammen, bevor sie sich einen Moment später wieder anlehnen, weil sie sich grundsätzlich gegen alles stützen, was ihnen im täglichen Leben so begegnet – sei es eine Wand, ein Tisch, eine andere Person oder eben ein Kassenband.

Dann gibt es noch Menschen, die ihre Einkäufe penibel auf dem Band anordnen, im rechten Winkel, alphabetisch, nach fest, flüssig oder einem anderen System. Die Milch vorne, dahinter die Schokolade oder die Kartoffeln, an den Flanken die Flaschen mit Wasser oder Wein. Was wie eine Zwangsstörung wirkt, entpuppt sich dann aber als harmloser Spleen, wenn sie vorne an der Kasse alles wahllos in den Wagen schmeißen.

Für die echte Welt verloren scheinen allerdings die Leute zu sein, die ihren Einkauf sorgfältig auf das Band legen, dann akribisch in den Wagen packen und das ganze Zeug schließlich, nach einem im Wahnsinn erschaffenen Ordnungssystem, in den Rucksack schichten. Diese Leute haben den Akt des Einkaufens zu einer zentralen Tätigkeit ihres Lebens umfunktioniert, dem sie allergrößte – ach was – die einzige Aufmerksamkeit schenken. Eine vollends unnötige Handlung, eine Verschwendung von Kraft, Zeit und Verstand.

Das Allerschlimmste aber ist der geradezu manischer Einsatz des Warentrenners. Zugegeben, manchmal ist dieser von Nutzen, besonders wenn es voll an der Kasse ist.

Aber gerade in dem Fall wird es am stressigsten, denn in der Regel ist der Warentrenner das Ding, an dem die Discounterkette spart, sprich: Es gibt zu wenige für zu viele Kunden. Man muss höllisch aufpassen, rechtzeitig einen von vorne gereicht zu bekommen, damit man sich nicht den Unmut des Hintermannes zuzieht.

Stehen dagegen wenige Kunden an einem Band, so reicht es nicht aus, einen Abstand zwischen den Einkäufen zu lassen. Nicht der Abstand ist der Abstand, sondern der Warentrenner ist der Abstand. Es braucht also ein Ding, das anzeigt, dass es hier einen Abstand gibt. Keiner Nation, außer den Deutschen, liegt es so übermäßig am Herzen, mit einem Warentrenner zu bekunden: „Das ist *mein* Einkauf, komm dem bloß nicht zu nahe."

Früher benutzte ich keinen, wenn ich keinen Anlass dazu sah. Ich bildete mir ein, dass viele Leute vor oder hinter mir das genauso sehen. Dann aber hatte ich ein Erlebnis, das meinen Umgang mit dem Warentrenner grundlegend veränderte.

Ich kam mit meinem Einkauf an eine Kasse, die gerade geöffnet wurde. Ich fuhr meinen Wagen nach vorne, packte meine Sachen auf das Band, und weil ich nicht viel hatte, blieben drei Viertel des Bandes leer. In diesem Moment dachte ich, es braucht keinen Warentrenner. Wenn jetzt ein anderer kommt, wird er seine Sachen in die Mitte oder ans Ende legen. Plötzlich hörte ich, wie jemand von hinten rankam, und zwar dicht ran. Der Typ fuhr mir mit seinem Wagen beinahe in die Hacken und platzierte mit einer kräftigen Handbewegung den Warentrenner Millimeter, wirklich wahr, Millimeter hinter meinem Einkauf.

In diesem Moment wurde mir klar, was dieses Stück Plastik aus uns Menschen gemacht hat. Kurz hatte ich den Gedanken, mich umzudrehen und zu sagen: „Meister, wir sind beide alleine an dieser Kasse. Lass uns doch einfach einen Abstand von, sagen wir, fünfzehn Zentimeter halten. Die Kassiererin wird schon merken, was dir und was mir gehört, okay?" Aber ich verzichtete darauf. Ich ahnte, dieser Mann hinter mir hatte heute das Haus verlassen mit der Absicht, es jemandem zu zeigen. Und dieser jemand war ich.

Seitdem lege ich den Warentrenner auf das Band, egal wie die Lage ist. Bloß keinen Stress machen, bloß nicht aus der Rolle fallen. Aber sehr oft erwische ich mich bei dem Gedanken, das Plastikding zu packen und auf die Leute einzuschlagen, auf die Auf-der-Höhe-bleiben-Leute, auf die Am-Laufband-entlang-Schubberer, auf die Ordentlich-auf-das-Band-Leger-und-Einräumer und auf die Warentrenner-muss-sein-Bekloppten, aber es bleibt bei dem Gedanken.

Immerzu nur der Gedanke.

FALSCH VERZOGEN

Die Wohnung unter mir steht immer noch leer. Seit der Sanierung sind jetzt vier Monate vergangen. In der Zeit gab es nach meiner Zählung fünf Besichtigungen, aber noch immer keinen unterschriebenen Mietvertrag. Zuletzt ließ die Hausverwaltung noch einen Herd einbauen, um einem möglichen Interessenten entgegenzukommen. Brachte aber nichts.

Mir kann das nur recht sein, denn mich treibt die Sorge um, dass dort ein Nachwuchs-DJ einzieht, der auf die Idee kommt, morgens um drei Uhr seine Playlist durchzugehen – oder sonstiges Partyvolk, ein Irrer oder ein Pärchen, das sich nicht versteht.

Aber ich bin neidisch auf diese Wohnung. Sie hat nagelneue Dielen, alles ist frisch tapeziert und im Bad befindet sich eine Badewanne. Meine Güte, eine Badewanne! Wie ich die vermisse. Seit ich in Berlin wohne, das sind jetzt fünfundzwanzig Jahre, habe ich keine Wohnung mehr mit Badewanne gehabt. Manchmal stehe ich in der Drogerie vor den Erholungsbadprodukten und denke mir: Jetzt ein Bad mit den ätherischen Ölen der Edeltanne und Fichte oder Lavendel oder Vanille, das wäre ein Traum. Aber ich habe seit einem halben Leben nur eine Dusche und was soll ich da mit einem Erholungsbad?

Deshalb kam ich vor kurzem auf eine Idee. Ich war in der Drogerie, bin dann zu der sanierten Wohnung gegangen, habe das Schloss geknackt und ein Bad genommen. Das war herrlich, geradezu befreiend. Drei Stunden gönnte ich mir, und wenn ich nicht noch eine Verabredung gehabt hätte, läge ich vermutlich jetzt noch drin.

Schließlich kam ich auf eine weitere Idee. Ich trug ein paar meiner Möbel, also nur das Wichtigste wie Schreibtisch und

Bett, runter und zog quasi in die Wohnung ein. Hatte ja nur Gutes: Ich besaß jetzt eine Badewanne und zahlte nur die Miete für die alte Wohnung. Ich achtete beim Betreten und Verlassen der Wohnung darauf, dass mich niemand von den anderen Bewohnern im Haus sah. Sonst würden die noch Fragen stellen oder die Hausverwaltung informieren.

Doch irgendwann passierte es. Erst versuchte jemand, die Tür aufzuschließen. Aber als das nicht klappte, weil ich das Schloss gewechselt hatte, klingelte er und ich öffnete die Tür.

„EM Hausverwaltung, Breitscheid mein Name. Wer, zum Teufel, sind Sie?“, rief er dann.

Ich dachte mir, das ist aber eine merkwürdige Begrüßung, wenn man jemandem die Tür öffnet, aber dann wurde mir der Ernst der Lage klar.

„Ich bin Mieter“, antwortete ich wahrheitsgemäß.

„Aber davon wissen wir nichts“, keuchte der Mann aufgebracht. „Und Sie zahlen keine Miete. Außerdem haben Sie sich nicht vorgestellt. Wir haben keinen Gehaltsnachweis, keine SCHUFA-Auskunft und kein polizeiliches Führungszeugnis von Ihnen.“

„Aber ich wohne doch schon länger hier“, entgegnete ich. „Sie haben mir vor zwei Jahren mal eine Glückwunschkarte zum Zehnjährigen geschickt. Das hat mich sehr gefreut.“

Der Mann holte einen Aktenordner heraus und blätterte in den Papieren. „Das kann gar nicht sein“, rief er dann. Meine Güte, konnte der sich nicht mal lockermachen? Er sollte froh sein, dass jemand die Wohnung nutzt. „Wir haben hier eine Sanierung durchgeführt. Davor wohnte hier Frau Pansen. Das sind Sie nicht. Also wer sind Sie?“

„Robert Rescue ist mein Name.“

Er schaute wieder in die Unterlagen.

„Den Mieter finde ich hier, aber Sie wohnen im zweiten Stock. Genau drüber. Seit zwölf Jahren. Wie Sie gesagt haben.“

„Da müssen Ihre Unterlagen falsch sein", behauptete ich. „Ich wohne seit zwölf Jahren hier in dieser Wohnung."

„Aber wir haben einen Bautrupp hierher geschickt, um die Wohnung im ersten Stock zu sanieren, die leerstand. Die Wohnung von Frau Pansen." Er schaute abermals auf die Unterlagen. „Eingezogen 01. April 2011 und ausgezogen am 01. August 2016."

„Monika hat aber im zweiten Stock gewohnt", korrigierte ich. „Und ihre Wohnung wurde nicht saniert. Ich bin öfter mal hochgegangen. Aus Interesse halt. Handwerker waren zwar da, aber die haben nur rumgesessen und Bier getrunken. So wie man sich das klischeehaft vorstellt. Ich hatte schon überlegt, die Hausverwaltung zu informieren, aber ich habe es dann doch nicht gemacht, weil ich kein Denunziant bin."

„Moment, Moment", sagte der Mann. Er wirkte jetzt sichtlich irritiert. „Frau Scholz hat eine Abnahme gemacht. Vor, naja, drei Monaten und in dieser Wohnung. Das ist alles hier protokolliert." Er hielt den Ordner in meine Richtung.

Ich achtete nicht drauf. „Ach, die Frau Scholz etwa? Die ist hier im Haus bekannt wie ein bunter Hund. Haben Sie sich vergewissert, ob die mit ihrem Geisteszustand für diesen Job geeignet ist? Ich habe die neulich im Hof gesehen, vom Küchenfenster aus. Die war splitterfasernackt und auf dem Boden lag eine Strohpuppe, um die sie herumgetanzt ist. Die hat sonst was gemacht, vielleicht irgendeine Gottheit angebetet, aber bestimmt keine Wohnung abgenommen. Vielleicht war sie oben bei Monika in der Wohnung, hat mit den Handwerkern ein Bier getrunken und dann was ins Formular gekritzelt. Und als sie gegangen ist, hat sie noch die Müllcontainer ausgeräumt und das nicht zum ersten Mal. Herr Müller aus dem Dritten stürmt dann immer runter und drischt mit dem Besen auf sie ein, und dann liefern die sich einen Kampf vom Feinsten. Sie wirft immer mit Müll und er gibt ihr mit dem Besen Saures. Murat vom Christencafé aus dem Vorderhaus räumt danach immer auf und schüttelt dabei den Kopf."

Der Mann dachte nach. „Es gibt ... es gibt da so Gerüchte in der Firma, was ... was Frau Scholz anbetrifft."

„Na, dann sollten Sie denen mal nachgehen", riet ich ihm. „Und dann sollten Sie sich um die Wohnung im zweiten Stock kümmern."

Ich schloss die Tür. Puh, das ist gerade noch mal gutgegangen. Fürs Erste war ich die Hausverwaltung los. Aber die würde wiederkommen, bald schon. Was machte ich bloß? Ich schaute zu dem kaum benutzbaren kleinen Zimmer, dann zum Badezimmer.

Eigentlich war ich nur zum Baden hier. Ich nahm meine Habseligkeiten und trug sie wieder hoch in meine Wohnung. Wahrscheinlich würden sie dort bald klingeln. Vielleicht sogar Frau Scholz. Die soll mal den Geisteszustand von Herrn Breitscheid prüfen, werde ich ihr sagen. Offenbar hat der Halluzinationen. Ich wohne schließlich schon seit zwölf Jahren im zweiten Stock.

SENIORENGERECHTES VORLESEN

Lange hatte ich mich bei dem Projekt „Leselust“, eine vom Jobcenter geförderte Maßnahme, die Lesungen für Senioren anbot, geweigert vorzulesen.

Von den neun Monaten Projektdauer hatte ich sieben im Büro zugebracht, bis ich derart angeödet war, dass ich die Kollegen regelrecht anbettelte, mir Lesungen zu überlassen. Eigentlich wollte ich das nicht, denn ich hatte in der Vergangenheit schlechte Erfahrungen mit Lesungen vor Senioren gemacht. Meine Texte handelten vorrangig von Arbeitslosigkeit, ein Thema, das alte Menschen nicht sonderlich interessierte. Meine Figuren waren Hartz-IV-Empfänger und sonstige gescheiterte Existenzen. Gelegentlich schrieb ich auch über die chaotischen Verhältnisse in einem Weddinger Kulturverein oder über eine Jobcenter-Maßnahme, bei der ich Senioren vorlesen sollte. Das alles war für diese Zielgruppe nicht geeignet. Ich schrieb keine Gedichte, keine Märchen, keine Alt-Berliner Lebensbeschreibungen à la Zille oder Jonny Liesegang, ein zu Unrecht vergessener Weddinger Schriftsteller. Ich schrieb auch keine biographischen Texte über Romy Schneider, Harald Juhnke, Brigitte Mira oder Günter Pfitzmann.

Von den Kollegen wusste ich, was beim seniorengerechten Vorlesen das Wichtigste war: Erinnerungen. Schillers „Die Glocke“ brauchte man nicht vorlesen, da reichte die erste Zeile und die alten Menschen sagten das Gedicht auf. Fontanes „Herr von Ribbeck auf Ribbeck im Havelland“ war ihnen ebenso vertraut wie Goethes „Heidenröslein“. Ein Kollege hatte in einer Senioreneinrichtung großen Erfolg mit Szenen aus der Hörspielreihe „Papa, Charly hat gesagt“. Das kannte ich noch aus meiner Kindheit, und wenn ich mir vorstellte, in vierzig Jahren würde mir ein Arbeitsloser was vorlesen wollen, dann würde ich mich wahrscheinlich auch für Zille, Liesegang und „Papa, Charly hat gesagt“ begeistern.

Die Schattenseite der Seniorenvorlesung war das Vergessen – die Demenz. In manchen Senioreneinrichtungen, beziehungsweise in deren Wohngruppen, gab es viele Demenzerkrankte und da wurde das Vorlesen zur Strapaze. Da war es egal, was man vorlas. Kassenbons, Kontoauszüge, Charles Bukowski oder die Inhaltsstoffe einer Tube Tomatenmark. Die Kollegen, die solche Lesungen machten, beschränkten sich auf die schon genannten Klassiker der deutschen Literatur und sie wiederholten die Texte jede Woche.

Für den Besuch von Bibliotheken konnte ich mich nicht erwärmen. Ich wollte nicht an Reihen von Regalen vorbeilaufen und mir stundenlang überlegen, welche Bücher in Frage kämen. Ich wollte es mir leichtmachen und auf die Erfahrungen und die im Büro lagernden Bücher meiner Kollegen zurückgreifen, auch wenn ich mit manchen Ratschlägen zunächst nichts anfangen konnte.

„Das hier kommt gut an“, sagte Marco zu mir. „Der Schokoladenhund Wauzi, der gerne Marzipan isst und mit seinem Herrchen tolle Abenteuer erlebt. In der Senioreneinrichtung Turmstraße kommt das immer gut, bei der in den Rehbergen allerdings nicht. Die haben gesagt: ‚Was sollen wir mit dem Kram? Sind wir etwa Kinder?‘“

„Und dann?“, fragte ich und legte das Buch zurück auf den Tisch. Ich teilte die Meinung der Senioren in den Rehbergen.

„Sie verlangten, dass ich beim nächsten Mal was von Bubi Scholz mitbringe. Der war mal ein großer Berliner Boxer, bis er 1984 im Suff seine Frau durch die Toilettentür erschoss.“

Ich nickte wissend. Das war genau das Richtige für Leute, die in ihrem Leben oft DIE BUNTE und QUICK gelesen und ein lebenslanges Abo für die B.Z. hatten. Ein prominenter Berliner, vom Rausch des Erfolgs geblendet und verzweifelt, begeht ein Verbrechen und ruiniert seine Karriere. Das war bei weitem interessanter als der Schokoladenhund Wauzi

Für meine erste Lesung im Seniorendomizil „Silberlunge" entschied ich mich für was anderes, denn ich kannte mein Publikum und dessen Geschmack noch nicht. Ich wählte ein paar Kurzgeschichten eines Kolumnisten der Berliner Morgenpost aus, der ironisch über sein glückliches Familienleben im Berliner Westend schrieb und damit seine Leserschaft seit über fünfundzwanzig Jahren erfreute, wie ich dem Klappentext entnahm. Mich hatte er nicht erfreut, ich fand die Geschichten langweilig, aber ich lebte auch nicht im Berliner Westend und hatte keine glückliche Familie.

Die Texte kamen nicht an, weshalb ich die nächsten Male auf Kurzgeschichten verzichtete. Ich wählte stattdessen Gedichte eines österreichischen Lyrikers aus, der über Hämmer, Konservendosen und Tiere im Allgemeinen schrieb. Ich las zehn Stück vor und merkte schon nach dem fünften, dass es zu viel für die Zuhörer war. Ohnehin wiederholten sich die Texte, egal ob es um Hämmer oder Konservendosen ging. Ich ließ ab von Experimenten und hielt mich die nächsten Male an die bekannten Sachen von Peter Frankenfeld, Heinz Erhardt oder Theodor Fontane.

Streng filterte ich meine Auswahl nach Themen, die positiv waren oder in irgendeiner Weise neutral. Texte über Tod und Krankheit ließ ich außen vor, in der subjektiven Annahme, sie seien unpassend für alte Menschen. Aber war das wirklich so? Musste ich diese Zurückhaltung an den Tag legen? Manchmal erwischte ich mich bei dem spöttischen Gedanken, dass es bei Demenzerkrankten sowieso keine Rolle spielte, aber meine Zuhörer zählten nicht zu der Gruppe oder zumindest nicht alle.

Bei meiner vorletzten Lesung in der Einrichtung „Silberlunge", zu der eine persönliche Bindung bestand, weil der Vater meiner Partnerin oben im fünften Stock im Wachkoma lag, las ich aus einem Buch mit Balladen vor.

Normalerweise waren wir für die halbe Stunde des Vorlesens immer allein mit den Patienten, schließlich sollten wir auch das Pflegepersonal entlasten. Diesmal aber saß eine Ergotherapeutin mit am Tisch und nach zwei, drei Texten fragte sie plötzlich in die Runde, ob noch jemand eine schöne Ballade kenne. Eine alte Dame trug mit viel Mühe den Titel „Die Füße im Feuer“ von Conrad Ferdinand Meyer vor und ich schaute in dem Buch nach. Tatsächlich war die Ballade enthalten. Ich machte mir zunächst keine Gedanken, aber im Verlauf der Lesung wurde mir klar, worum es in dem Text ging. Die Ballade spielt zur Zeit der Hugenottenverfolgung nach 1685 in Frankreich und schildert, wie ein Getreuer des Königs nachts Unterkunft bei einer Hugenottenfamilie findet. Dabei erinnert er sich, dass er zu denen gehörte, die Jahre zuvor die Familie überfallen und die Frau des Gastgebers zu Tode gefoltert hatten. Der Witwer erkennt ihn wieder und macht in den Schlusszeilen seinen Zorn deutlich:

„Du sagsts! Dem größten König eigen! Heute ward
Sein Dienst mir schwer ... Gemordet hast du teuflisch mir
Mein Weib! Und lebst ... Mein ist die Rache, redet Gott.“

Nach dem Vorlesen war die Stimmung natürlich gedrückt, dennoch fühlte sich ein weiterer Senior aufgerufen, einen Wunsch zu äußern: Goethes „Erlkönig“. Vom Erlkönig kannte ich, ehrlich gesagt, nur die erste Zeile. Als ich die erste Strophe vorlas, konnte ich noch nicht ahnen, dass die Ballade mit einem Kindstod enden würde.

„Dem Vater grauset's, er reitet geschwind,
er hält in den Armen das ächzende Kind,
erreicht den Hof mit Mühe und Not;
in seinen Armen das Kind war tot.“

Nun fing eine Frau an zu weinen und kurz darauf eine andere. Das hätte nicht passieren dürfen. Jetzt kippte die Stimmung endgültig und die Ergotherapeutin hatte Mühe, für Ruhe zu sorgen.

Ich packte das Buch ein und verließ das Seniorendomizil.

Nach meiner letzten Lesung in der „Silberlunge" schrieb ich auf Facebook, ich hätte die gesamten Tagebücher von Joseph Goebbels vorgelesen.

Wie ich später erfuhr, haben das einige Leute geglaubt. Nein, Goebbels habe ich nie vorgelesen, obwohl es vom „Erinnerungswert" sicherlich gepasst hätte. Tatsächlich hatte ich es mit dem Schokoladenhund Wautzi probiert, aber das Ergebnis war deprimierend. Ich musste mir ähnliche Kommentare anhören wie Marco in der Senioreneinrichtung Rehberge.

ZÄHNE SIND WIE EINE FASSADE

Das Telefon klingelt. Die Zahnarztpraxis erkundigt sich, ob ich den morgigen Termin auf dem Schirm habe. Das ist verdächtig, denn bei allen vorherigen Besuchen riefen sie nie vorher an. Es wirkte fast so, als wäre es ihnen immer egal, ob ich den Termin wahrnehme oder nicht. Kein Wunder, bei denen handelte es sich ja nur um Routineuntersuchungen – also in den Mund schauen und die Zähne abklopfen. Das macht keinen Spaß.

Aber morgen wird das anders sein. Dann kommen andere Instrumente zum Einsatz, morgen hallen Schmerzensschreie durch die Praxis und sorgen im Wartezimmer für den nötigen Respekt. Die Frau am anderen Hörer ist vermutlich die „Fachkraft", wie die Zahnärztin sie nannte. Sie kümmert sich speziell um die Patienten, die sich eine Zahnreinigung haben aufschwatzen lassen, die man auch noch selbst bezahlen muss.

Die „Fachkraft" reibt sich jetzt die Hände, denke ich mir. Heute Nacht wird sie gut schlafen, denn morgen kann sie ihren, vermutlich, sadistischen Neigungen nachgehen. Wie ich meine Entscheidung jetzt bereue, aber ich hatte seinerzeit beim Gespräch mit der Zahnärztin einfach keine Chance:

„Herr Rescue, was halten Sie von einer Zahnreinigung?"

„Das haben Sie beim letzten Mal schon gefragt. Ich habe mal drüber nachgedacht."

„Na toll", sagt sie zu mir. „Wie oft ich das höre: ‚Ich habe mal drüber nachgedacht.' Und dabei ist Ihnen wohl das Hirn durchgebrannt, oder wie? Wie oft machen Sie das denn? ‚Ich habe mal drüber nachgedacht, Sport zu treiben. Ich habe mal darüber nachgedacht, keine Schokolade mehr zu essen. Ich habe mal darüber nachgedacht, einen Tag auf Netflix

zu verzichten.' Machen Sie doch mal was aus sich, Herr Rescue! Treffen Sie eine Entscheidung für Ihre Zähne! Glauben Sie, für mich ist das schön, in Ihren Mund zu schauen? Ja, Sie denken: ,Ich habe doch sonst den Mund zu, da sieht keiner das Dilemma.' Aber was ist, wenn Sie mal lachen? Oder reden? Ihr Gegenüber kriegt das Kotzen! Sie enttäuschen mich, Herr Rescue. Ich habe Sie für einen entscheidungsfreudigen Menschen gehalten, temperamentvoll und pragmatisch. Stattdessen sehe ich vor mir wieder nur so einen Schluffi, der nicht aus dem Arsch kommt. Aber wie Sie wollen, dann halt nicht."

Die Zahnärztin hat eine markige Art, Menschen zu motivieren, deshalb liege ich jetzt wieder unter der Lampe. Links steht eine Art Praktikantin, die das erste Mal mit in diesem Zimmer ist. Hoffentlich darf sie sich nicht mal ausprobieren. Rechts steht die „Fachkraft". Mein Blick fällt auf das Tischchen.

Dort hatte ich die üblichen Werkzeuge erwartet.

Die Dinger mit den Spitzen oder das Ding mit dem Spiegel, so was eben. Aber da liegt Schleifpapier, vermutlich mit einer groben Körnung. Daneben steht ein Plastikfläschchen mit einem Totenkopf-Symbol drauf. Ich sollte sie diplomatisch fragen, was sie eigentlich für eine Qualifikation hat, die sie zur Zahnreinigung befähigt. Kosmetik? Eine Kosmetikerin mit einer Spezialisierung auf Zähne?

„So angestrengt, wie Sie nachdenken", sagt sie plötzlich zu mir, „weiß ich genau, worüber Sie sich den Kopf zerbrechen. Das machen alle, die hier landen. Also gut – ich habe früher als Fassadenreinigerin gearbeitet. Dann hat das CONTRAX meine Hände angegriffen und das trotz der Schutzhandschuhe. Also bin ich zum Amt. Die haben gesagt, ich soll bei einem Zahnarzt anfangen. Das sei praktisch dasselbe. Zähne sind wie eine Fassade und damit kenne ich mich aus. Also bin ich hierher und die Ärztin hat gesagt: ,Prima Sache, da sparen wir uns die Qualifizierung. Wenn Sie noch telefonieren und den Computer bedienen können, dann helfen Sie in der Zeit, wo Sie keine Zähne aufpolieren, an der Anmeldung mit.‘ Alles klar soweit, Herr Rescue?“

Mit angstgeweiteten Augen nicke ich. Ich hatte eine andere Antwort erhofft.

„Ich fange mal mit dem Mini-Schraubenzieher hier an und kratze mal den Zahnstein weg. Sieht ja eklig aus bei Ihnen.“

Vorne an den Zähnen scheint es gar nicht schlimm zu sein, denke ich im ersten Moment. Ich bemerke nur einen enormen Speichelfluss. Meine Güte, ich muss sabbern wie eine Sau. Vor meinen Augen sehe ich Speichelfontänen nach oben schießen. Jetzt wundert mich auch nicht mehr, dass sich die beiden Plastik-Schutzbrillen aufgesetzt haben.

Schmerzvoll aber wird es bei den hinteren Zähnen, bei den Weisheitszähnen, vor allem in Kombination mit dem Absauger – der auch nötig ist, sonst hätte ich schon das Behandlungszimmer mit Speichel halb geflutet. Ich hatte gedacht, da hinten wäre schon alles abgestorben, aber der Absauger scheint etwas zum Leben zu erwecken, das schwer genervt ist und mich das spüren lässt.

Ich richte meinen Blick auf die Lampe über mir und versuche, eine Antwort auf die dringende Frage zu finden, warum Zahnärzte und ihr Personal immer komplett weiß tragen. Ich meine, was passiert, wenn da mal was dreckig wird? Ein Klecks Ketchup beim Mittagessen, da ist doch dann Hose oder Hemd futsch.

Die „Fachkraft“ reißt mich aus den Gedanken: „Jetzt mal ausspülen.“

Ich mache, was sie sagt. Das ausgespuckte Wasser ist rötlich und bräunlich. Ist das Bräunliche die Verfärbungen der Zähne von Kaffee, Tee und Nikotin? Ich spucke das Wasser beinahe auf mein linkes Hosenbein. Ich muss betäubt sein vor lauter Schmerzen.

„Und jetzt wieder nach hinten“, befiehlt die „Fachkraft“.

„Was ist das für ein Geschmack?“, frage ich schwach nach.

Es kommt mir so vor, als hätte ich eine Tüte Salzgebäck ohne Gebäck gegessen.

„Salz“, bestätigt mir die „Fachkraft“. „Und Zitrone. Aber die schmeckt nie jemand.“

„Das ist widerlich“, sage ich.

„Ja, alles, was hilft, schmeckt widerlich“, antwortet das Gesicht über mir. „Das Salz entfernt gut die Ablagerungen auf den Zähnen, ist aber nicht so gut wie CONTRAX.“

„Willst du nicht die Lippen mit Vaseline schützen?“, bringt sich die Praktikantin ein. Das war vermutlich ihr letzter Tag hier. „Das Salz greift die Lippen doch immer an.“

„Normalerweise nicht“, antwortet die andere. „Lippen sind mir egal. Aber weil du es bist, mache ich dem Herrn Rescue nachher etwas Vaseline drauf, damit es nicht so schmerzt.“

Ich korrigiere mich: Das war definitiv ihr letzter Tag hier.

Aus den Augenwinkeln sehe ich, dass sie zum Fläschchen mit dem Totenkopf-Symbol greift.

„So, und jetzt CONTRAX. Ich kann einfach nicht von dem Zeug lassen, obwohl es meine Hände zerfressen hat. Aber was der Fassade hilft, hilft dem Zahn auch.“

„Was genau ist das?“, stammele ich hilflos.

„Stellen Sie sich vor, Sie haben eine seit zwanzig Jahren nicht mehr gereinigte Fassade. Wenn Sie einen Eimer CONTRAX darüber schütten, glänzt sie wie neu. Geht ganz fix und hat den Vorteil, dass auch Ungeziefer beseitigt wird. Und zwar für Jahre.“

Jetzt wäre der geeignete Zeitpunkt, aufzuspringen und schreiend aus der Praxis zu laufen. Andererseits habe ich bis hierhin durchgehalten, habe weder geschrien noch geheult, sondern mich weiter mit der überaus bedeutsamen Frage beschäftigt, warum Zahnärzte und ihr Personal weiß tragen. Ich bin sicher, ich stehe kurz vor einer Antwort. Wieder richte ich meinen Blick auf die Lampe.

Die „Fachkraft“ streicht mir die Substanz auf die Zähne. Kurz darauf habe ich das Gefühl, meinen Mund nicht mehr zu spüren. Die Zunge auch nicht mehr. Das Salz auf den Lippen schmecke ich nicht mehr. Ich kann nicht mehr sprechen.

„So, und jetzt kommt das Schleifpapier ...“

Ich wache auf und greife zum Lichtschalter. Einen Moment liege ich schweratmend im Bett. Es war nur ein Alptraum, denke ich mir. Es gibt keine Fassadenreinigerin und vor allem kein CONTRAX in der Arztpraxis. Ich greife zum Handy. Ich sollte denen, möglichst gefasst, auf den Anrufbeantworter sprechen und den Termin morgen vorsichtshalber absagen. Ich lege das Handy wieder hin. Ach Quatsch. Es gibt kein CONTRAX, schärfe ich mir ein.

Aber zur Sicherheit sollte ich das Zeug morgen mal googlen.

MENSCHEN AN DER MITTELPROMENADE

Gelegentlich gönne ich mir das zweifelhafte Vergnügen, an der Mittelpromenade zu essen. Zweifelhaft deswegen, weil es zwar genießbar ist, aber mit Sicherheit nicht zur gesunden Ernährung zählt. Aber das Essen ist nicht der Hauptgrund, weshalb ich hierher komme.

Am Imbiss treffen sich die alten Weddinger, die bärbeißigen Typen, die hier geboren oder vor Ewigkeiten wegen einer Liebschaft oder eines Jobs in diesen Kiez gekommen und letztlich gestrandet sind. Sie verdienen eine Art Bewunderung dafür, dass sie sich eine Imbissbude neben einer Tramhaltestelle zum Ort ihres sozialen Lebens gemacht haben. Ab dem Mittag sitzen sie an Biertischen, picheln Schultheiss, unterhalten sich oder schauen dem Treiben der Leute zu, die, jeweils im Fünf-Minuten-Takt, in die Straßenbahnen einsteigen oder diese verlassen.

Den meisten Respekt aber verdient die Wirtin. Ein Berliner Original wie ihre Stammgäste. Launisch ist sie und besitzt zudem die Autorität, ihre Verstimmung auch rauszulassen. Wenn sie in Rage ist, trifft ihr Zorn viele.

Ich habe aber noch niemanden beobachtet, der empört weggeht und den Vorwurf: „So lasse ich mich nicht behandeln“, zurücklässt. Die Gäste nehmen es hin und wissen, dass der Zorn nicht ihnen persönlich gilt, sondern sich gegen alle richtet, die hier im Moment stehen oder sich im Tagesverlauf noch einfinden werden.

Ich möchte mit ihr aus unbestimmten Gründen befreundet sein. Einmal unterhielten wir uns über Verkehrsrowdys und sie war redselig und überaus freundlich. Ich fühlte mich gut in dem Moment, ich fühlte mich ihr nahe. Sie weiß inzwischen, was ich immer esse und fragt nur noch rhetorisch nach.

Sie erinnert sich nie an meinen Namen, aber ich werde ihr ihn immer wieder nennen, wenn sie mich danach fragt und irgendwann wird sie ihn behalten. Dann habe ich mein Ziel erreicht.

Heute ist sie wieder launisch und ich nehme es mit Genugtuung zur Kenntnis, dass sie mich nicht damit behelligt. Ihr Zorn gilt einem korpulenten Stammgast an einem Biertisch. Der ältere Mann ist schon ziemlich durch und es ist für mich nicht erkennbar, ob er sich am Tisch festhält oder der Tisch sich an ihm. Nachdem sie mich bedient hat, verlässt sie das Häuschen und setzt sich zu dem Mann.

„Du musst dem Thomas auch mal ein Bier ausgeben", faucht sie den Alten an. „Der hat dir schon Bier ausgegeben, wenn du mal knapp bei Kasse warst, dann musst du das auch bei ihm machen."

„Isch hab grumpf dollt solch", höre ich von ihm. Ich verstehe kein Wort.

„Nein, hast du nicht. Ich habe das neulich doch beobachtet. Da hat er dich gefragt und du hast ‚Nein' gesagt. Ich saß doch daneben."

„Hassu test grampf neg to stampf."

Merkwürdig, entweder sitze ich zu weit weg vom Geschehen oder aber die Wirtin versteht ihre langjährigen Gäste, selbst wenn diese alkoholbedingt nur noch faseln.

„Nein, hast du nicht. Das habe ich doch schon gesagt. Und dem Bertram neulich hast du auch keins ausgegeben. Und dann hast du dich kürzlich beschwert, dass der Klaus dir keins ausgegeben hat. Du kennst doch die Regel: ‚Wer Geld hat, zahlt und wer keins hat, trinkt.' Das gilt auch für dich."

Der alte Mann nickt nur und nimmt einen Schluck von seinem Schultheiss.

„Aber der Nancy gibst du Geld und die Nancy gibt dem Thomas auch keinen aus. Mit der will ich nichts zu tun haben. Die ist ordinär."

Ordinär. Meine Güte, dieses Wort habe ich lange nicht mehr gehört. Ich dachte schon, es sei ausgestorben, aber augenscheinlich hat es sich nur in Reservate wie der Mittelpromenade zurückgezogen.

„Und weil du dem Bertram kein Bier ausgegeben hast, will er dich aus seiner Wohnung schmeißen. Warum wohnst du eigentlich bei ihm und manchmal bei Guido und Klaus? Ist doch klar, dass du dir da keine Freunde machst, wenn du dich denen nicht erkenntlich zeigst. Ich geh da inzwischen irgendwie d'accord."

Ich horche auf. Was hat sie gerade gesagt? Ich bin verzückt.

„Gissu holo bene Mietschulden."

„Mietschulden, na toll. Das ist doch kein Grund, dir keine Wohnung zu suchen. Die Hausverwaltungen müssen Wohnungen bereitstellen für Leute wie dich. Das weißt du schon, oder?"

Sie unterbricht und eilt in das Häuschen. Vier türkische Jugendliche kommen gutgelaunt an die Bude und rufen im Chor: „Hallo!"

„Das heißt nicht ‚Hallo', das heißt ‚Guten Abend'", werden sie belehrt. Sofort ist die gute Stimmung verflogen und sie fragen leise nach vier Flaschen Wasser. Dann schleichen sie schweigend davon. Ich fühle mich geehrt. Ich sage auch immer „Hallo" zu ihr, doch bei mir stört sie das nicht. Dann kehrt sie an den Tisch zurück.

„Olog hat dusine quall hebbo meile fot guot schwarz."

„Aber du fragst doch nicht nach den Wohnungen. Du sagst, du gehst nicht hin, weil sie dich eh ablehnen wegen deiner Mietschulden. So wird das doch nichts. Zumindest die großen Wohnungsbaugesellschaften haben solche Wohnungen. Bei der DEGEWO auf jeden Fall, das weiß ich. Und die Mietschulden übernimmt das Sozialamt. Glaub mir, die Hausverwaltungen geben dir eine Bude. Aber von nichts kommt nichts, das weiß doch jeder."

Kurz geht mir durch den Kopf, ob er mein Vormieter gewesen sein könnte. Als ich vor zwölf Jahren in die Wohnung einzog, stand sie leer, weil der Vormieter gepfändet worden war.

In meinem Arbeitszimmer hängt an einem nicht mehr genutzten Ofen ein Notizzettel mit Schulden, die er noch zurückzahlen musste. Aus unerfindlichen Gründen habe ich den Zettel dort bis heute hängenlassen. Nach meiner Kenntnis war er Taxifahrer. Wer weiß, vielleicht hat er den Job – und dazu einen Teil seines Lebens – an den Nagel gehängt, und verbringt jetzt den Tag im Biotop Mittelpromenade. Es wäre schon sehr befremdlich, wenn er es wäre.

Ich habe aufgegessen, schmeiße das Schälchen in den Müll und gehe ich an dem Tisch vorbei. Wie die Unterhaltung endet, werde ich nicht erfahren.

Tage später gehe ich an der Mittelpromenade vorbei und sehe den alten Mann alleine an einem Tisch sitzen. Er hat sich abgesondert, aber er hat den Ort nicht aufgegeben. Er steckt in der Klemme, denn die Wirtin hat ihm die Rote Karte gezeigt. Ich glaube, er ahnt, was er tun muss – aber er hat sich aufgegeben. Er will nur hier sitzen, Bier trinken und den Tag verbringen.

GRABBEIGABEN

Was die Leute wohl transportieren, frage ich mich und schaue mich in der U-Bahn um. Einer hat eine Katzen-Transportbox. Nicht ungewöhnlich. Ein anderer trägt eine Plastiktüte mit leeren Flaschen, aus der es tropft. Nichts Aufsehenerregendes, nur unangenehm.

Ich greife nach meinem Rucksack und fühle die beiden Gegenstände. Ein kugelförmiger Siebziger-Jahre-Aschenbecher aus Metall und ein Bierglas in Stiefelform. Ist vielleicht auch nichts Ungewöhnliches, aber was ich damit vorhabe, schon. In spätestens zwei Stunden sollen die Sachen in einem Urnengrab abgelegt werden. Als Grabbeigabe gewissermaßen.

Ein Stammgast des Kunst- und Kulturvereins Klappstuhl e.V. ist gestorben und ich bin auf dem Weg zu einem Friedhof in Tempelhof. Ob man solche Dinge einem Grab beilegen darf, weiß ich nicht.

Aber es ist doch so: Wenn man googelt und weiß, dass es verboten ist, dann tut man es nicht. Aber wenn die Angehörigen es erlauben und es dem Friedhofsmitarbeiter egal ist, dann haben wir dem Verstorbenen einen Dienst erwiesen. Ich halte das für machbar, schließlich werden seit Menschengedenken Dinge in Gräber gelegt, seien es Waffen, Schmuck oder Gewänder. Da werden ein Aschenbecher und ein Bierglas keinen Unterschied machen. Außerdem handelt es sich um persönliche Gegenstände des Toten, die er stets benutzt hat, wenn er am Tresen stand. Vervollständigen sollte das Ganze noch eine Flasche warmes Bier, das hat er nämlich wegen seiner Magenprobleme immer getrunken. Aber das wird die Familie oder das Berliner Friedhofsgesetz sicherlich nicht zulassen.

Nicht alle Mitstreiter des Klappstuhl e.V. werden zur Beerdigung kommen. Einige *müssen* und einige *wollen* arbeiten. Einer wird wohl nicht kommen, weil er nicht weiß, wo der Friedhof liegt. Danach hatte er gestern in der Messenger App gefragt. Anscheinend war er zu faul gewesen, hochzuscrollen bis zu dem Eintrag, in dem jemand drei Tage zuvor die Adresse bekanntgegeben hatte und die anderen waren zu faul, um hochzuscrollen, den Text zu kopieren und unten neu einzufügen.

Am U-Bahnhof Ullsteinstraße steige ich aus und laufe die gleichnamige Straße runter. Auf Google Maps war die schon lang, aber jetzt wirkt sie noch länger.

Warum wird er hier beerdigt? Er wohnte im Wedding, zählt da nicht das Meldeprinzip? Verantwortlich dafür ist wohl der Sohn, der vor vier Wochen in den Laden kam, nach Raoul fragte und diesem dann die traurige Nachricht übermittelte. Daraufhin haben wir den Aschenbecher und den Stiefel auf den Tresen gestellt und eine Kerze angezündet.

Es sind dreißig Grad und wolkenloser Himmel. Warum wird er nicht auf dem Urnenfriedhof an der Seestraße beerdigt? Da hätte ich nur drei Minuten Laufweg gehabt.

Ich trage eine lange Hose, weil ich dachte, Shorts sind nicht angebracht für einen solchen Anlass. Als ich am Friedhof ankomme, bin ich nass geschwitzt und treffe am Eingang auf Aeron und Klerk, die mit dem Moped gekommen sind. Kurz darauf folgen Jim und Anna, die ebenfalls den langen Weg vom U-Bahnhof zurückgelegt haben, aber ich war ihnen eine U-Bahn voraus. Komisch, die alle mal außerhalb des Ladens, außerhalb des Wedding zu treffen.

„Weiß eigentlich jemand, wie er mit Nachnamen heißt?“, fragt Klerk. Keiner antwortet. „Ich dachte, das erfahren wir heute in der Trauerrede“, antworte ich.

„Armenbegräbnis“, sagt Aeron. „Kein Pastor, kein Trauerredner, keine Blumengebinde, keine Musik, nicht mal seine drei

Lieblingslieder von CD. Alles zu teuer. Der Sohn hat kein Geld dafür."

Für den Job des Trauerredners hatte ich bierselig mal Interesse angemeldet. Ich dachte, so schwer kann das nicht sein, wenn ich es bei Anekdoten rund um den Klappstuhl e.V. belasse. Mit der Familie wollte ich mich nicht treffen, das wäre mir zu viel Aufwand gewesen. Doch einige Tage später hatte ich den Plan wieder fallengelassen. Auf der Bühne einen Text von einem Blatt abzulesen, ist nicht dasselbe wie eine Würdigung aus dem Stegreif für einen Verstorbenen zu halten.

Der Sohn kommt an, zusammen mit einem Kumpel und seiner Tochter. Der Sohn war einige Tage zuvor noch mal im Laden gewesen, hatte sich abgefüllt und lautstark erzählt, dass er bei der Müllabfuhr arbeitet und da ausschließlich für die gelbe Tonne zuständig ist. Mehr wissen wir nicht über ihn.

„Kommt noch jemand?", fragt er in die Runde.

„Von uns wollte noch Silke kommen, aber die kommt immer zu spät. Und Jakob? Weiß da jemand was? Kommt Jakob?"

„Er hatte nach der Adresse gefragt", antworte ich. „Aber keiner hat sie ihm noch mal genannt."

„Was ist mit Raoul? Kommt der noch?"

„Der hat vorhin geschrieben, dass er grade erst los ist", erkläre ich. „Ich habe ihm zurückgeschrieben, dass der Weg von der U-Bahn hierher ziemlich lang ist. Als er mir dann mitteilte, dass sich alles verzögert, weil er einen Produzenten im Studio habe, habe ich geantwortet: ‚Wenn ich nicht wüsste, dass du als Fotograf bei Zalando arbeitest, würde ich annehmen, dass du Pornofilme drehst.'"

Niemand sagt etwas dazu.

„Hat jemand Blumen?", fragt Jim.

„Nö", sagen alle.

„Da neben dem Eingang ist ein Blumenladen", sagt Anna.

„Der hat aber zu", sage ich.

„Wir sind also insgesamt zu acht, sehe ich das richtig?",

erkundigt sich der Sohn.

Niemand antwortet. Acht Personen. Das ist die zahlenmäßig am schlechtesten besuchte Beerdigung meines Lebens.

Einige Minuten später stehen wir vor dem Eingang zur Kapelle. Der Sohn fragt den Bestatter, ob wir noch drei Minuten warten können. Dieser nickt wohlwollend.

„Wenn wir einen schlecht besuchten Lesebühnenabend haben“, sage ich in die Runde, „dann sehnen wir uns immer einen chinesischen Reisebus herbei, der noch Publikum bringt.“

„Tja“, meint Jim, „der wird wohl kaum den Weg hierher finden.“

„Das genau ist ja der Kern dieser Hoffnung“, sage ich. „Die chinesischen Touristen haben kein Ziel. Sie halten einfach an, weil sie auf die Veranstaltung beim Vorbeifahren aufmerksam geworden sind. Sie besuchen die Show, haben Spaß und kaufen alle Bücher. So ähnlich irgendwie dachte ich mir das gerade mit der Beerdigung.“

Drei Minuten später betreten wir die Kapelle. Die Urne steht auf einem Podest vor den Sitzreihen, nicht auf dem Altar. Der Bestatter schließt hinter sich die Tür. Nicht einmal setzen darf man sich, denke ich. Eine kleine, hastige Gedenkveranstaltung für einen Verstorbenen, der wie seine Hinterbliebenen kein Geld hatte.

Ich schaue zu den Mitstreitern. Bestimmt geht gerade allen durch den Kopf, künftig das eine oder andere Bier weniger zu trinken und das gesparte Geld für die eigene Beerdigung aufzuheben. Wenigstens für Lieder vom Band oder gar einen Organisten oder einen professionellen Trauerredner mit Textbausteinen und hoher Floskeldichte.

Die Tür wird geöffnet. Raoul huscht rein. Zwei Minuten später fragt der Bestatter, ob wir alle fertig seien. Keiner sagt etwas. Er tritt, fast im Stechschritt, nach vorne, hebt die Urne vorsichtig an, reckt sie in Richtung Altar und ruft: „Ewiger Frieden deiner Seele.“

Dann dreht er sich um, verlässt die Kapelle und wir folgen ihm.

„Erbärmlich", sagt Klerk zu mir, „wie wenige von uns gekommen sind."

„Die Neuen kannten ihn nicht gut genug", sage ich entschuldigend.

Wir erreichen die Begräbnisstelle. Schmucklose, eingefasste Gräberfelder. Hier und da mal ein Blumenstrauß.

„Was machen wir mit dem Stiefel und dem Aschenbecher?", frage ich die Mitstreiter.

„Vielleicht sollten wir die erst aufstellen, wenn das Grab fertig ist und dann Blumen reinstellen", schlägt Klerk vor. „Die lassen das bestimmt nicht zu, dass wir die ins Grab legen."

„Aber ein Bierglas und einen Aschenbecher als Blumenvasen?", entgegne ich. „Das hätte er nicht gewollt."

„Ihm ist es sicherlich egal", sagt Aeron.

„Aber keiner von uns wird in ein paar Tagen noch mal hierherkommen, um das zu machen. Das kriegt doch keiner von uns auf die Reihe", wirft Jim in die Runde.

Wir denken alle nach.

„Ich frage mal den Sohn, ob es okay ist für ihn", schlägt Raoul vor. Kurze Zeit später kommt er zurück und nickt. Ich hole die Sachen aus dem Rucksack und drücke sie Raoul und Anna in die Hände. Sie gehen zu dem Loch, knien sich hin und legen nacheinander den Bierstiefel und den Aschenbecher in das Grab.

Anna kommt zurück. „Das ist so traurig. Ich weiß noch, wie der Aufklapphenkel von dem Aschenbecher mal kaputt ging und er zwei Wochen später in den Laden kam und stolz erzählte, er habe ihn repariert."

„Jetzt hat doch alles seine Richtigkeit", sage ich in die Runde. Wir gehen zurück in Richtung Ausgang. Etwa achtzehn Minuten hat die Beerdigung gedauert. Vom Betreten des Friedhofs bis zum Verlassen des Grabes.

Jakob kommt uns entgegen. „Ich habe noch bei der Senatsverwaltung für Umwelt, Verkehr und Klimaschutz angerufen. Die wussten erst nicht, wo er begraben wird. Ich hing über eine Stunde in der Leitung, bis die mich zu irgendeiner Friedhofsverwaltung durchgestellt haben. Hat dann aber auch noch mal über eine Stunde gedauert, weil ich den Nachnamen nicht wusste. Dann war es mir zu doof und ich habe im Messenger hochgescrollt."

Dann kommt Silke. Wir zeigen den beiden, wo die Grabstätte liegt und warten am Ausgang, wo wir uns von der Familie verabschieden. Jeder von uns gibt dem Sohn noch zehn Euro, weil wir beschlossen hatten, uns an den Beerdigungskosten zu beteiligen.

„Laufen wir zurück oder fahren wir mit dem Bus?"

„Es gibt hier einen Bus?", fragt Jim. „Shit, hätte ich das mal vorher gewusst."

„Ich hasse Busfahren. Ich laufe", sage ich und wische mir den Schweiß von der Stirn.

„Die Haltestelle ist hier gleich um die Ecke", sagt Anna. „Busse sind klimatisiert, soweit ich weiß."

„Na gut", sage ich. „Also Bus."

Ich blicke noch mal zurück zum Friedhof. Dann nehme ich Abschied. Auf Wiedersehen, Gerd. Den Aschenbecher und den Stiefel hast du. Das Bier und die Kippen musst du dir jenseitig besorgen.

1974 VERZEIHE ICH EUCH NICHT

Meine Partnerin besorgt vor jedem Urlaub einen Reiseführer, damit wir uns vorher über Besonderheiten im Volksempfinden informieren können. So hatten wir beispielsweise vor unserer Reise in die Türkei gelesen, dass das Benutzen von Taschentüchern in der Öffentlichkeit ungern gesehen wird. Also haben wir erst gar keine mitgenommen. Aber schön war das vor Ort mitunter nicht, vor allem weil unser Fremdenführer erkältet war und den Schnodder ständig hochgezogen hat.

Auch vor Amsterdam hatten wir einen solchen Reiseführer besorgt. In einem langen Absatz erfuhren wir einiges über das Verhältnis zwischen Niederländern und Deutschen. So lasen wir, dass es die Niederländer stört, wenn ihr Land als ein weiteres deutsches Bundesland betrachtet und ihrer Kultur zu wenig Respekt entgegengebracht wird.

Ausführlich geht der Absatz auf das Thema „Zweiter Weltkrieg“ ein. Okay, dass Deutschland die Niederlande überfallen hat und die Nazis davon ausgingen, dass sich ein arisches Brudervolk mit fliegenden Fahnen auf ihre Seite schlagen würde, war eine schwerwiegende Fehleinschätzung. Wir bedauern, dass Hitler die Niederlande überfallen hat, und wenn das ein Niederländer von uns hören möchte, dann sagen wir ihm das und, wenn es sein muss, auch im Namen von circa sechsundneunzig Prozent der heutigen deutschen Bevölkerung. Dann steht da noch mehr, aber ich blättere weiter, immerhin ist der Krieg seit zweiundsiebzig Jahren vorbei.

Am zweiten Tag in Amsterdam besuchen wir den Grachtengürtel und sind auf der Suche nach dem Amsterdam Dungeon, dieser modernen Geisterbahnshow, die es zwar auch in Berlin gibt, die wir dort aber nie besuchen würden, weil das Touristen-Nepp ist.

Die Straßen sind verwinkelt und Google Maps gibt es in dieser Geschichte nicht. Also picken wir uns einen der Amsterdamer raus und fragen ihn nach dem Weg.

„Sie sind Deutsche, nicht wahr?“, fragt er uns zurück.

Wir bejahen.

„Oh wie schön“, sagt er. „Sie müssen da vorne nach links in die Lindengracht und nach ein paar Metern rechts abbiegen in die Westerstraat. Dann sind Sie schon da. Ach und bei der Gelegenheit: Gebt mir mein Fahrrad zurück!“

Wir bedanken uns, sind aber irritiert von seiner Forderung. Wir folgen dem Weg, finden aber nicht das Amsterdam Dungeon. Also fragen wir wieder einen Einheimischen. Der erklärt uns einen anderen Weg und wir finden den Ort.

Nach dem Aufenthalt im Amsterdam Dungeon, das in szenischen Darstellungen bestimmte historische Abschnitte Amsterdams erzählt, wie die Inquisition oder die ausbeuterische Anwerbung von Seeleuten zur Ostindien-Kompanie, bekomme ich Lust, das Foltermuseum zu besuchen. Julia ist nicht sehr begeistert, aber ich halte diesen Besuch für eine thematisch passende Anknüpfung.

Leider finden wir wieder die Straße nicht und fragen nach.

„Ihr seid Deutsche, nicht wahr?“

Wir nicken und sind gespannt, was passiert.

„Ihr müsst hier vorne links abbiegen, dann gleich rechts und dann seid ihr da. 1974 verzeihe ich euch nicht.“

Wir wissen nicht, was die Anspielung auf 1974 zu bedeuten hat, aber wenigstens will er sein Fahrrad nicht zurück. Wir folgen seiner Wegbeschreibung und landen in einer Sackgasse.

„Jetzt reicht es mir“, sage ich zu Julia. „Dem Nächsten, den wir fragen, sage ich, dass ich aus Nassau an der Lahn in Rheinland-Pfalz stamme, wo sich die Stammburg des holländischen Königshaus befindet. Ich habe viele Jahre in der Oranienstraße unweit des Oranienplatzes gewohnt und somit einen starken Oranien-Bezug. Ich verlange, dass dies anerkannt wird!"

„Vielleicht solltest du eher erwähnen, dass wir die Niederlande nicht als deutsches Bundesland betrachten und Rembrandt gut finden", schlägt Julia vor.

Wir laufen den Weg zurück zu unserem Ausgangspunkt. Dort fragen wir eine junge Frau und ich ergänze: „Ich komme aus der Kleinstadt in Deutschland, aus der das holländische Königshaus stammt und bin Oranier durch und durch. Wir verehren van Gogh und sind große Freunde der holländischen Küche, insbesondere Frikandel und Waffeln."

Die junge Frau geht nicht darauf ein und verweist uns auf eine andere Strecke. Wir folgen ihrem Rat und finden das Foltermuseum. Ich bin begeistert, Julia nicht.

„Wollen wir uns denn noch Rembrandts Nachtwache anschauen?", schlägt sie vor. Ich stimme zu. Männer in Uniformen und mit Knarren, das gefällt mir.

Wir laufen eine Stunde durch die Stadt, aber finden das Reichsmuseum nicht. Also fragen wir.

„Kein Problem", antwortet uns ein jugendlicher Amsterdamer. „Da gehen Sie die Straße runter, biegen nach links in die Palmstraat, dann die nächste rechts in Richtung Hauptbahnhof. Für 1974 will ich Rache und ansonsten mein Rad zurück." Feixend geht der junge Mann davon.

Seine Wegbeschreibung klingt ehrlich, denn alle Wege in Amsterdam führen zum Hauptbahnhof, aber seine Forderung macht uns deutlich, dass er uns in die Irre führen will.

Ich seufze, hole den Reiseführer heraus und blättere zu den Erklärungen über das Verhältnis zwischen Deutschen und Niederländern. Dann lese ich noch mal die Stelle, die ich seinerzeit überblättert hatte. Zum Ende des Zweiten Weltkriegs hatte die Wehrmacht bei der Flucht vor den Alliierten alles beschlagnahmt, was fahren konnte, um nicht in Kriegsgefangenschaft zu geraten – und das waren vor allem Fahrräder.

Mir geht ein Licht auf. Aber warum wird uns das vorgeworfen? Warum zweiundsiebzig Jahre nach Kriegsende noch gekränkt sein? Sollen wir in einen Fahrradladen gehen, ein Rad kaufen und es dem nächstbesten Einheimischen in die Hand drücken, sozusagen als symbolische Wiedergutmachung?

Ich schüttel den Kopf und lese weiter:

Zum anderen nehmen es die Niederländer den Deutschen sehr übel, dass diese 1974 die Fußballweltmeisterschaft gewannen, obwohl die Niederländer doch den „besten und schönsten Fußball der Welt“ spielten. Jeder spätere Sieg der Holländer über die Deutschen kann nur zu einem kleinen Teil Wiedergutmachung bedeuten. Eine Ausnahme wäre möglicherweise eine Neuauflage des WM-Finales, allerdings mit umgekehrtem Ergebnis.

Na toll, denke ich, was haben Julia und ich denn mit dem Endspiel von 1974 am Hut? Wie soll denn die holländische Fußballnationalmannschaft überhaupt eine Revanche hinbekommen, wenn sie beispielsweise die EM-Qualifikation 2016 verpasst hat? Will man uns das auch noch vorwerfen?

Ich lese weiter und stoße auf einen Hinweis, was man hinsichtlich des Fahrrad-Vorwurfs antworten könnte. Aber es sei gewagt, meint der Autor des Reiseführers, jemanden aufzufordern, sich an die eigene Nase zu fassen. Denn das könne vom Gegenüber falsch ausgelegt werden und die Abneigung nur verstärken.

Erneut seufze ich und überlege einen Moment, ob wir nicht nach Bielefeld oder ins Erzgebirge hätten fahren sollen. Wir schauen uns um und sprechen den nächsten Amsterdamer an.

„Aber gerne helfe ich Ihnen. Sie müssen da hinten rechts abbiegen, der Gracht folgen und an der Übernächsten links abbiegen in die Runstraat. Dieser dann folgen, bis das große Gebäude auftaucht. Da seid ihr dann am Reichsmuseum. Ich wünsche euch viel Erfolg. Ach übrigens, ich will mein Fahrrad zurück und ‘74 nehme ich euch übel.“

Er lässt uns stehen. Ich überlege einen Moment, ob ich mich überwinden soll. Die Gräuel der Deutschen an der niederländischen Bevölkerung im Zweiten Weltkrieg mit den Gräuel der niederländischen Kolonialpolitik in Indonesien in den Jahren 1947 bis 1949 gleichzusetzen, ist nicht in Ordnung. Aber ich bin es leid, für ein Fußballspiel verarscht zu werden, das dreiundvierzig Jahre her ist und für eine verachtenswerte Politik von durchgeknallten Nazis von vor zweiundsiebzig Jahren.

„Hey", rufe ich ihm hinterher.

Er bleibt stehen und dreht sich um.

„Dein Fahrrad steht in Indonesien", rufe ich ihm zu.

Der Mann nickt. Dann kommt auf uns zu. Er streckt uns die Hand entgegen, die wir nehmen.

„Eine gute Antwort", sagt er und lächelt.

„Okay, ihr geht die Straße runter bis zur Haltestelle der Tramlinie 2 in Richtung Hauptbahnhof. Dann fahrt ihr zur Station Rijksmuseum und seid da. Ich finde Jan Vermeer übrigens besser als Rembrandt. Ach und ..."

„Jaja, wir wissen", winken wir ab.

„... bei der nächsten WM schlagen wir euch. Und zwar vernichtend!"

„Ja, macht das ruhig", rufen wir. „Unseren Segen habt ihr."

MEINE FRESSE

Manche Leute weisen mich gelegentlich darauf hin, dass ich einen grimmigen Gesichtsausdruck mache, so, als würde alles Leid der Welt auf meinen Schultern liegen. Ganz so ist es nicht, aber ja, es gibt durchaus Sachen, die mich bekümmern. Gut möglich, dass ich so etwas tief in mich hineinfresse und sich das dann in einem Gesichtsausdruck zeigt, der zwischen Verzweiflung und Abscheu pendelt. Liegt vielleicht in der Familie.

Wahrscheinlich würde es mir blendend gehen, wenn ich nicht auf die Idee gekommen wäre, mich beim Jobcenter abzumelden, um zukünftig auf eigenen Beinen meinen Lebensunterhalt zu bestreiten.

An sich ist das ja ein guter Schritt, der mein ganzes Leben verändern sollte. Aber inzwischen haben mich gewisse Umstände sogar zu der Überlegung gebracht, den Entschluss wieder rückgängig zu machen.

Ich wollte von meiner bisherigen, gesetzlichen Krankenkasse zur Künstlersozialkasse wechseln, weil das günstiger ist. Gesagt, getan und ich stellte einen Antrag auf Aufnahme.

Einen Monat später verlangte die sogenannte KSK Dokumente, die meine künstlerische Existenz belegen sollten. Okay, kein Problem.

Einen weiteren Monat später verlangte sie noch mehr Unterlagen. Also schickte ich ihnen – im Gedanken daran, dass es sich um eine besondere Krankenkasse handelt – das, was sie von mir wollten: Screenshots meiner Website, meines YouTube Kanals, den Webseiten meiner Lesebühnen, dazu Kopien von den Covern sämtlicher Bücher, die ich geschrieben oder mitgeschrieben habe und als Krönung einen Screenshot von meiner Facebook-Seite.

Anfangs zögerte ich, zum einen aus Datenschutzgründen, zum anderen wegen der Frage, inwieweit der Screenshot einer Facebook-Seite belegen soll, dass ich als Künstler tätig bin. Aber immerhin ist dort ein Bild zu sehen, auf dem ich gerade an einem Mikrofon stehe und etwas vorlese. Das sollte als Beweis reichen.

Zwei Monate vergingen, ohne dass ich etwas von der KSK hörte.

Meiner aktuellen Krankenversicherung habe ich geschrieben, dass ich wechseln möchte, was sie aber nicht kapiert. Sie schickte mir einen Brief, in dem sie feststellte, dass ihr noch Unterlagen fehlen, um mich weiter zu versichern und ich solle ihnen noch Kopien der aktuellen Jobcenter-Bescheide zuschicken.

Daraufhin antwortete ich der Krankenkasse per E-Mail, dass ich mich beim Jobcenter bereits abgemeldet hätte und wies auf den geplanten Krankenkassen-Wechsel hin.

Kurz darauf schickte ich der KSK ebenfalls eine E-Mail und fragte nach dem Stand der Bearbeitung meines Anliegens. Drei Tage später bekam ich einen Brief von der Sachbearbeiterin, in dem sie mir mitteilte, dass die Bearbeitung noch einige Zeit in Anspruch nehmen werde, ich mich gedulden und von weiteren Sachstandanfragen absehen soll. Da fragte ich mich zum einen, was prüft die seit zwei Monaten, zum anderen, wieso schickte sie mir dann schon nach drei Tagen eine Antwort?

Zwischenzeitlich ging mir durch den Kopf, dass ihr Team einmal im Monat zwanzig Anträge im Flur auf den Boden legt, dann einen zwanzigseitigen Würfel wirft und der Gewinner kriegt einen positiven Bescheid, während die anderen im Topf für den nächsten Monat verschwinden. Oder aber die Sachbearbeiterin ist die einzige Person, die bei der KSK arbeitet. Es heißt ja, dass diese Krankenkasse personell unterbesetzt sein soll.

Solche Gedanken hatte ich, während ich im Briefkasten ein erneutes Anschreiben der bisherigen Krankenkasse fand. Ihr würden noch Unterlagen fehlen, um mich weiter zu versichern und ich solle ihnen noch Kopien der aktuellen Jobcenter-Bescheide zuschicken.

Aha, mit E-Mails hat es die Krankenkasse nicht so, dachte ich mir, und setzte einen Brief an den Sachbearbeiter auf. Da kopierte ich den Inhalt der E-Mail hinein und schrieb noch diplomatisch: „Offenbar hat Sie meine E-Mail nicht erreicht", obwohl ich, weiß Gott, eine andere Wortwahl im Kopf hatte, aber da war mir die ganze Angelegenheit noch nicht scheißegal.

Wahrscheinlich würde es mir blendend gehen, wenn ich nicht auf die Idee gekommen wäre, Wohngeld zu beantragen. Die Bundesregierung hatte dieses kürzlich sogar erhöht, was meinen Entschluss bestärkte und mir für einen kurzen Moment tatsächlich etwas Freude vermittelte.

Also lud ich die Formulare herunter, füllte sie aus und konnte sie ohne Wartezeit beim Bürgeramt abgeben, was meine Freude ins schier Unermessliche steigerte. Vielleicht hat man mir das sogar angesehen, in dem Moment, als ich das Bürgeramt verließ. Aber es war niemand anwesend, der mich kannte.

Einige Tage später kam allerdings die Nachricht, dass mein monatlicher Verdienst zu gering sei. Als Vergleich wurde der Hartz-IV-Regelsatz herangezogen. Ich sollte weitere Einnahmen angeben, sonst würde der Antrag abgelehnt. Außerdem fehlte eine Angabe über die Höhe der Krankenkassenbeiträge. Zusätzlich schickte man mir noch ein Formular mit, auf dem ich, unterteilt in Kategorien wie Nahrung, Freizeit und Körperpflege, meine monatlichen Lebenshaltungskosten vermerken sollte.

Was sollte das? Verbesserte das meine Chancen auf einen positiven Bescheid, wenn ich statt weiterer Einnahmen eine genaue Aufstellung meiner monatlichen Kosten übermittelte?

Also schrieb ich einen Brief und zog meinen Antrag zurück. Die Sachbearbeiterin bestätigte mir dies einige Tage später und gab mir den persönlichen Rat, einen Antrag beim Jobcenter zu stellen. Ein dramatischer Moment. Die Frau vom Amt zeigte Gefühl und riet mir, meine blödsinnige Entscheidung wieder rückgängig zu machen. Irgendwie herzergreifend und zugleich niederschmetternd.

Wahrscheinlich würde es mir blendend gehen, wenn ich nicht auf die Idee gekommen wäre, mich nach meiner Abmeldung beim Jobcenter beim Beitragsservice (früher mal GEZ) anzumelden. Ich bin nicht so der Typ Rebell, der es auf Mahnungen, Gerichtsvollzieher oder sogar Haft ankommen lässt. Also meldete ich mich online an. Keine Reaktion.

Einen Monat später schickte ich den Ausdruck meiner Online-Meldung postalisch nach Köln. Keine Reaktion.

Einen weiteren Monat später nutze ich das Kontaktformular auf der Website, um nachzufragen, ob sie irgendwas von mir bekommen hätten. Keine Reaktion.

Dass sich die Künstlersozialkasse nicht meldet, okay. Dass ich zu geringe Einnahmen habe, um Wohngeld zu erhalten – damit kann ich leben, aber was mich zur Weißglut bringt und mich als Mensch absolut erniedrigt, ist der Umstand, dass die GEZ (heute Beitragsservice) mich ignoriert, obwohl sie sonst täglich Hunderte von Mahnungen verschickt, vermutlich eine ganze Inkasso-Industrie am Leben hält und nicht davor zurückschreckt, Schuldner verhaften zu lassen.

Aber wenn mein Gesicht tatsächlich meinen Kummer ob der Ungerechtigkeiten, die ich erfahren muss, ausdrückt und manche Menschen deshalb davor zurückschrecken, mir näherzukommen, so hat genau das auch sein Gutes. Ich bin absolut sicher vor kriminellen Übergriffen. Jugendbanden kämen nie auf die Idee, mich nachts anzusprechen und eine Zigarette schnorren zu wollen, bevor sie mich verprügeln und meine Brieftasche klauen. Sie belassen es beim Kippen betteln und bedanken sich.

Ich bin mehrmals in Kreuzberg am Kotti und am Görlitzer Bahnhof aus der U-Bahn gestiegen und die Antänzer haben alle Fahrgäste vor und hinter mir angetanzt, aber um mich haben sie einen Bogen gemacht. Die Drogendealer vor dem Café in der Amsterdamer Straße sprechen viele Passanten an, aber vor mir weichen sie zurück. Sie stehen regelrecht Spalier, und während ich an ihnen vorbeischreite, denken sie sich: Diesem Menschen ist mit Drogen nicht zu helfen.

Und das lässt mich, manches Mal, lächeln.

ALTERTUM TRIFFT AUF MODERNE

Es hat eine neue Apotheke auf der Müllerstraße aufgemacht. Die wievielte ist das eigentlich? Ich komme auf etwa fünfzehn auf einer Länge von drei Kilometern.

Wer braucht so viele Apotheken? Kann die inzwischen jeder Hinz und Kunz eröffnen? Lernen die nichts über Standortwahl? Oder sind alle Weddinger krank und deshalb der Bedarf immens?

Und dann der Name: Kleo-Apotheke. Die meisten Weddinger werden nur „Leo“ lesen und sich fragen, warum sich die Apotheke nicht weiter unten am Leopoldplatz befindet. Neben dem Firmennamen über dem Eingang ist eine stilisierte Abbildung zu sehen, aber selbst die wird die meisten Weddinger nicht dazu bringen, an die Pharaonin Kleopatra zu denken ... Moment mal, die Ansicht stellt überhaupt nicht Kleopatra dar. Die ist doch eindeutig der Büste der Nofretete im ägyptischen Museum nachempfunden! Was für eine Sauerei, das kann ja wohl nicht sein!

Verärgert betrete ich die Apotheke.

„Guten Tag, ich hätte gerne eine Packung Aspirin. Und ja, ich weiß, wie man die anwendet. Ich bin fast fünfzig Jahre alt und hatte schon öfter im Leben Kopfschmerzen.“

„Bitte schön, der Herr. Darf es noch etwas sein?“

„Ja, eine Frage hätte ich noch: Wer ist eigentlich auf die Idee mit dem Namen ‚Kleo-Apotheke‘ gekommen?“

„Das war ich. Ich bin der Inhaber. Sie haben sich bestimmt gefragt, wofür der Name ‚Kleo‘ steht, nicht wahr? Also das ist wegen der Pharaonin Kleopatra im alten Ägypten. Ich finde, Kleopatra war schön und anmutig. Genau wie meine Apotheke. Außerdem war die Domain noch frei. Ist nicht leicht, bei den ganzen Apotheken heutzutage noch eine freie Website zu finden."

„Mag sein", sage ich. „Aber mit dem Namen tun Sie Ihrer Zunft keinen Gefallen. Wissen Sie, Kleopatra hatte großes Misstrauen gegenüber den Heilkundigen ihrer Zeit. Sie nannte sie ‚böse Magier' und ‚Diener der Finsterwelt'. Kleopatra war zwar schön, da pflichte ich Ihnen bei, aber zugleich wahnsinnig. In einem Papyrus aus dem Jahre fünfunddreißig vor Christus wird beschrieben, dass sie in Alexandria alle Heilenden und deren Familien zusammentreiben ließ. Die Leibgarde tötete alle: Männer, Frauen, Kinder. Die Leichname wurden zerstückelt und in den Nil geworfen."

„Das ist ja schrecklich!" Der Apotheker hebt abwehrend die Hände. „Ist das denn wirklich so gewesen?"

„Ich berufe mich auf Stanley Petterson. Petterson von der Stanford University. Er hat 1957 erstmals zu diesem Vorfall geforscht. 1983 hat Miller in Harvard seine Forschungen dazu bestätigt und weitere Vorfälle dieser Art nachgewiesen, die somit die ideologische Einstellung von Kleopatra zur heilenden Zunft bestätigen. Dazu dienten ihm vorrangig die Aufzeichnungen des römischen Geschichtsschreibers Plutarch. Fullerton aus Oxford hat 2012 abermals zu dem Thema geforscht und die Ergebnisse der Kollegen bestätigt. Ich kann nicht annehmen, dass Sie in der Ägyptologie genug bewandert sind, um die herausragenden Arbeiten von Petterson, Miller und Fullerton entsprechend würdigen zu können. Aber Stanford, Harvard und Oxford sagen Ihnen etwas, oder?"

„Ja, natürlich. Das habe ich ja nicht gewusst."

„Meine Darlegung ist noch nicht zu Ende", weise ich ihn zurecht. „Durch die Leichen wurden Teile des Nils verseucht. Die Menschen tranken das Wasser und wurden krank. Die genannten Fachleute sind sich einig, dass dies von Kleopatra gewünscht war. Sie wollte, dass die einfache Bevölkerung Ägyptens an eine schlimme Heimsuchung glaubte, ausgelöst durch Vertreter der heilenden Berufe. Die Ärzte gaben ihr Bestes, um die fürchterlichen Folgen einzudämmen, aber die große Anzahl der Toten schränkte die Handlungsfähigkeit der Heilenden immens ein. Vielerorts kam es zu Lynchmorden an den Heilenden."

„Meine Güte, ich habe das alles nicht gewusst! Sonst hätte ich nie meine Apotheke nach ihr benannt!"

„Sie haben bestimmt nur den Wikipedia-Artikel zu ihr gelesen, habe ich recht? Oder etwa die ketzerischen Schriften von diesem Hartmann aus Leipzig, der allen Ernstes behauptet, die von mir genannten Koryphäen hätten unrecht gehabt?"

„Ja, für Fachliteratur fehlt mir das Wissen", gibt der Apotheker zu. „Nein, dieser Hartmann sagt mir nichts. Es musste schnell gehen mit dem Namen, wie ich zugeben muss. Tut mir leid."

„Das muss es nicht, wirklich nicht. Sie konnten ja nicht wissen, dass Kleopatra als Namensgeberin für eine Apotheke nun wirklich nicht geeignet ist. Aber Sie sollten den Namen bald ändern, nicht, dass einer Ihrer Kollegen, der vielleicht eher in der altägyptischen Historie bewandert ist, auf den Namen aufmerksam wird und Sie im Berliner Apotheker-Verein an den Pranger stellt."

„Sie haben recht. Das wäre fatal für mich. Um Gottes willen, was mache ich bloß? Ich muss sofort den Namen ändern. Aber ich habe keine Idee, verdammt!"

„Ich hätte da eine."

„Ja? Sagen Sie, bitte."

„An sich, also aus dem geschichtlichen Kontext heraus, naheliegend – Nofretete. Sie stammte aus dem einfachen Volk und ihr Vater war Priester und Einbalsamierer. Ich denke, Sie wissen, welche Bedeutung die Kunst der Einbalsamierung auch für die heilenden Berufe hat? Zudem bedeutet ihr Name ‚Die Schöne ist gekommen' und das wäre doch passend für Ihre neueröffnete Apotheke. Außerdem möchte ich fast glauben, dass die entsprechende Domain noch frei ist, denn ein solcher Name für Ihr Geschäft dürfte hierzulande nicht sonderlich verbreitet sein. Zu guter Letzt, und das müssen Sie sich quasi auf der Zunge zergehen lassen, hat der Name ‚Nofretete-Apotheke' einen, wie ich finde, poetischen Beiklang, denken Sie nicht auch?"

„Das ist eine gute Idee", pflichtet mir der Apotheker bei. „Ich danke Ihnen sehr. Ich werde das schnellstmöglich umsetzen. Ich möchte mich erkenntlich zeigen für Ihre Hilfe. Darf ich Ihnen die Packung Aspirin kostenfrei überlassen?"

„Das wäre sehr freundlich. Ich danke Ihnen. Der Besuch hier war sehr anregend. Ich werde sicherlich wiederkommen."

Draußen bleibe ich stehen und packe die Tabletten in den Rucksack. Es hat sich gelohnt, dass ich mich in jungen Jahren intensiv mit der Geschichte der Pharaonen beschäftigt habe. Ist zwar nicht viel übriggeblieben nach all der Zeit, aber mit ein bisschen Improvisation lassen sich interessante Zusammenhänge darlegen. Ich schaue hoch zu dem Namen und der Abbildung.

Jetzt fügt sich alles. Das ist mir wichtig.

AUF ALLES GEFASST SEIN

Jedes Mal, wenn ich einkaufe und die Waren einpacke, überkommt mich die Furcht, Opfer einer Geiselnahme zu werden.
Ich wäre nicht darauf vorbereitet. Mental schon, aber nicht zeitlich. Meine Einkäufe erledige ich stets vor einem anderen Termin, meist vor einem Auftritt, und wenn ich den verpasse, verdiene ich kein Geld. Wie würde ich mich im Falle einer Geiselnahme verhalten?

Ich würde all meinen Mut zusammennehmen, auf den Mann mit der Pistole zugehen, mich wutentbrannt vor ihm aufbauen und brüllen: „Meine Güte, kannst du nicht in fünf Minuten wiederkommen, wenn ich weg bin?"

Vielleicht wäre er dann so überrascht, dass er wie versteinert stehenbleibt. Ich könnte ihm dann zwischen die Beine treten, um ihn außer Gefecht zu setzen oder aber ich nehme ihm die Pistole weg und schmeiße sie irgendwohin. Dadurch erwacht er aus seiner Starre und flüchtet. Danach würde ein Durcheinander ausbrechen, alle würden mich als Retter in der Not feiern wollen, aber ich würde barsch reagieren, meinen Rucksack packen und schleunigst den Laden verlassen.

Aber was wäre, wenn ich einige Tage später wiederkomme, um Pfand zurückzubringen? Wie werden die Angestellten oder der Filialleiter reagieren? Werden sie mich aufhalten wollen, um mir einen Präsentkorb zu überreichen? Was ist, wenn ich in eine Art Falle laufe? Die Verkäuferinnen sollten mich kennen und auch wissen, an welchen Tagen ich gewöhnlich den Markt aufsuche. Sie könnten die Presse einbestellen, und während ich durch das Drehkreuz gehe und auf den Automaten zusteuere, verhalten sich alle unauffällig. Dann aber springen sie hinter den Regalen hervor, der Filialleiter drückt mir den Präsentkorb in die Hand, ein Vertreter der Polizei beglückwünscht mich zu meiner Tat und ein Reporter macht Fotos.

Vielleicht sollte ich die Filiale wechseln? Was aber, wenn dort so eine Art „Fahndungsplakat" hängt, weil die Kette mich unbedingt belohnen will? Oder Bekannte verpfeifen mich und plötzlich klingeln der Filialleiter, der Polizeidirektor und der Reporter an meiner Wohnungstür? Und das nur, weil ich dem Täter das Handwerk gelegt habe.

Vielleicht sollte ich mich auch seinen Forderungen beugen? Wir knien alle auf dem Boden, die Hände hinter dem Rücken und warten ab, welches Ende die Geiselnahme nimmt. Wenn es nur ein Raub ist und der Täter den Kasseninhalt will, dann wäre die Angelegenheit schnell erledigt. Was aber, wenn der Geiselnehmer eine Rechnung mit dem Filialleiter offen hat, der sich in seinem Büro versteckt?

Oder er fordert Weltfrieden oder das bedingungslose Grundeinkommen für jeden? Das kann dauern.

Vielleicht kann ich flüchten? Wenn er jetzt die Filiale betritt, habe ich den Vorteil, dass ich seine Absichten kenne. Er wird sich zunächst orientieren müssen und ich habe genug Zeit, um abzuhauen.

Eilig zerre ich an dem Reißverschluss des Rucksacks. Ich haste zum Ausgang, und als sich die Schiebetüren hinter mir schließen, kommen mir zwei Männer entgegen, die sich Sturmhauben über den Kopf ziehen. Ich fange an zu laufen und denke mir: Es ist nicht verkehrt, sich über so scheinbar merkwürdige Dinge Gedanken zu machen.

EIN GUTES GESCHÄFT

Zu Jahresbeginn habe ich mir einen Vorsatz gefasst. Ich möchte weg von meinem alltäglichen Leben mit den immergleichen Tätigkeiten. Ich will jeden Tag etwas machen, was ich lange nicht mehr getan habe oder noch nie.

Für heute beispielsweise habe ich mir vorgenommen, den Vertrag bei meinem Mobilfunkanbieter zu kündigen. Natürlich gibt es noch einen anderen Grund, aber das mit dem Vorsatz passt gut. Ich suche mir im Netz eine Standardkündigung und schicke sie per Internet-Fax zum Anbieter P3. Das ist auch mal was Neues in meinem Leben, so ein Internet-Fax. Ich staune, was es heutzutage alles gibt.

Bereits einen Tag später bekomme ich eine SMS. Darin heißt es: *„Die Bearbeitung und die schriftliche Bestätigung können etwas Zeit in Anspruch nehmen.“* Ha, da habe ich es P3 wohl mal richtig gezeigt. Vermutlich hätten die nie damit gerechnet, dass ich kündige. Jetzt sind sie in heller Aufregung und überlegen, was sie tun können. Und darauf spekuliere ich. Von anderen habe ich gehört, dass ihr Anbieter per Telefon mit Sonderkonditionen lockt, um die Kunden zu halten.

Drei Tage später habe ich noch immer keinen Anruf erhalten. Ob P3 mich für unwichtig hält? Mehr als sieben Jahre bin ich nun Kunde bei denen, wenn auch nur mit einem Vertrag, der vermutlich veraltet ist und ihnen auch nur zwischen zwölf und vierzehn Euro monatlich bringt. Wahrscheinlich bin ich damit durch ein Wichtigkeits-Raster gefallen. Dann muss ich mir doch einen neuen Anbieter suchen. An sich die richtige Idee für den Tag, denn heute habe ich noch nichts getan, was ich lange nicht mehr gemacht habe oder noch nie. Ich hatte schon die Befürchtung, dass ich meinen guten Vorsatz nicht einhalten kann.

Dann plötzlich klingelt das Telefon.

„Guten Tag, Herr Rescue, hier spricht Ralf Boll von P3, Abteilung Kundenrückgewinnung. Sie haben Ihren Mobilfunkvertrag gekündigt, ist das richtig?"

„Ja."

„Herr Rescue, das ist ganz furchtbar. Ganz P3 ist in heller Aufregung. Sie gelten in unserer Firma wegen Ihrer Loyalität zu P3 gewissermaßen als Stütze der Gesellschaft. Der Chef hat noch auf der letzten Aktionärssitzung gesagt: ‚Wenn wir Robert Rescue, dieses Fundament an Treue, als Kunde verlieren, dann können wir dichtmachen.' Außerdem gab er als Losung für dieses Jahr aus: ‚Vierzig Millionen Kunden verlieren, scheißegal. Nur Robert Rescue nicht.'"

„Hat er das wirklich gesagt?", frage ich nach.

„Selbstverständlich."

Ich fühle mich geschmeichelt. In Gedanken male ich mir aus, wie in diesem Moment alle Mitarbeiter im Call-Center um Herrn Boll herumstehen, auch der Chef, und bangen, wie das Gespräch verlaufen wird.

„Herr Rescue, darf ich fragen, aus welchem Grund Sie kündigen? Wenn Sie schon das Unternehmen in den Ruin treiben, wollen wir wenigstens wissen, welche entsetzlichen Fehler wir gemacht haben.'"

„Sie haben mir eine neue SIM-Karte doppelt berechnet", erkläre ich sofort. „Ich habe mir ein neues Handy geholt und dafür brauchte ich eine Nano-SIM-Karte. Die habe ich online bei Ihnen bestellt, aber nach zehn Tagen war die immer noch nicht da. Also bin ich in einen P3-Shop gegangen und die meinten, ich könne eine neue Karte bei ihnen mitnehmen und gleich aktivieren lassen. Die Leute vom Shop haben gesagt, dass nur die Aktivierung fünfundzwanzig Euro koste, nicht die Karte. Als die andere Karte per Post kam, habe ich sie beiseitegelegt, aber am Monatsende kam die Rechnung und da wollten Sie plötzlich fünfzig Euro von mir."

„Oh Gott, Herr Rescue", höre ich. „Das ist ja furchtbar."

„Außerdem ...", beginne ich und stocke. Ich kann ihm unmöglich von meinem Vorsatz erzählen. Das würde sicherlich meine Verhandlungsposition schwächen.

„Außerdem was?", fragt Herr Boll.

„Außerdem ist meine Partnerin auch Kundin bei P3 und hatte neulich Probleme mit ihrem Internet-Anschluss. Ich finde, das Maß ist voll."

„Herr Rescue, ich bin entsetzt", antwortet Herr Boll, „und würde ich nicht im Kundendienst arbeiten, wäre ich jetzt sprachlos. Also das mit der Post geht ja gar nicht. Sie haben ein Recht darauf, die Post binnen drei Tagen zu erhalten. Ein viel größeres Ärgernis ist aber das mit dem Shop. Die haben Ihnen Scheiße erzählt. So sieht es aus. Das sind ungelernte Hilfskräfte von der Straße. Die meiste Zeit kiffen die und sind dann so hinüber, dass sie den Kunden nur Schwachsinn erzählen. Oh Gott, wir kriegen täglich Beschwerden wie Ihre über diese gottverdammten Shops. Meine persönliche Meinung: Alle an die Wand stellen! Herr Rescue, P3 und ich schwenken die weiße Fahne. Wir schwenken sie kraftvoll, um Ihnen unseren Friedenswillen zu demonstrieren. Können Sie die weiße Fahne sehen?"

„Ja, ich glaube, ich kann sie erkennen."

„Herr Rescue. Die weiße Fahne ist weißer als alle weißen Fahnen, die Sie je gesehen haben. Ich muss einen drastischen Schritt gehen, um Sie zurück zu P3 zu holen. Der Chef hat mir gerade zu verstehen gegeben, dass ich alles dafür tun muss, sonst verliere ich meinen Job. Herr Rescue, ich biete Ihnen den Tarif ‚Flat, flatter, more flatter' an. Das ist unser Premium-Tarif, den ich nur dreimal im Jahr als Kulanz anbieten darf. Sie werden dadurch zu Mister Flat Germany."

„Was beinhaltet dieser Tarif denn genau?", will ich wissen.

Eigentlich hat mich Herr Boll längst überredet, aber ein letzter Rest Misstrauen bleibt noch. So viel Glück hatte ich noch nie, es ist eigentlich völlig undenkbar.

Ich habe Angst, dass ich mein Lebenskontingent an Glück in diesem Moment verbrauche. Ich stelle mir einen Engel auf einer Wolke vor, der eine Art Glücksrad in den Händen hält und ruft: „Robert Rescue hat noch nie Glück in seinem Leben gehabt. Aktuell hat er sich um ein Literaturstipendium beworben. Wenn er es erhalten würde, könnte er ein Jahr lang sorgenfrei leben. Zugleich hat er seinen Mobilfunkvertrag gekündigt und erhält womöglich in Kürze einen besseren Tarif. Soll er beides haben oder nur eins davon und wenn nur eines, dann welches? Eine schwere Entscheidung und ich muss sie fällen. Also entscheide ich für den Mobilfunkvertrag. So soll es sein!"

Das ist eine ziemlich blöde Vorstellung.

„Sie erhalten den Tarif für einen Preis von neunundzwanzig Euro neunundneunzig monatlich", unterbricht Herr Boll meine Gedanken. „Darin ist eine Flat auf alles enthalten, was Sie sich im Zusammenhang mit einem Handy vorstellen können: Telefonflat, SMS-Flat, Datenflat und dazu jeden Monat fünfzig, ach was, hundert lustige Sticker umsonst für Ihre Messenger-App. Was sagen Sie dazu?"

„Ich zahle derzeit zwölf bis vierzehn Euro monatlich. Da wäre Ihr Angebot keine Verbesserung."

„Richtig, Herr Rescue", ruft Herr Boll. „Aber ich habe noch ein wichtiges Detail vergessen. P3 gewährt Ihnen für zwei Jahre einen Rabatt von fünfundsiebzig Prozent monatlich. Sie zahlen also nur sieben Euro fünfzig. Und wissen Sie was? Ich lege noch ein Headset, eine Powerbank, ein zusätzliches Ladekabel und ein Jahresabo von Spotify umsonst drauf. Sind wir im Geschäft?"

„Wir sind im Geschäft", sage ich augenblicklich.

„Ich gratuliere Ihnen, Herr Rescue. Ihre Zustimmung haben wir nun so aufgezeichnet", erklärt Herr Boll.

„Sagen Sie, Herr Boll, wenn ich Sie das fragen darf: Ihre Anpreisungen, also die Art, wie Sie die Produkte von P3 feilbieten, erinnert mich irgendwie an einen Marktschreier. Irgend so etwas wie Wurst-Helmut oder Fisch-Paule. Verstehen Sie, was ich meine?“

Es bleibt einen Moment still am Hörer.

„Ich verstehe, was Sie meinen, Herr Rescue. Ich arbeite jeden Samstag am Stand meines Vaters auf dem Wochenmarkt am Heinrich-Böll-Platz.“

„Und haben Sie auch einen so, äh, speziellen Namen?“

„Ja, ich nenne mich Käse-Ralf. Kommen Sie doch mal vorbei. Nennen Sie mir das Kennwort ‚Flat, flatter, more flatter‘ und Sie erhalten auf das Käsesortiment der Woche fünfundsiebzig Prozent Rabatt. Und obendrauf einen feinen zweieinhalb Kilo-Block Berghofkäse.“

Ich muss lächeln. „Das werde ich machen, Herr Boll. Das lasse ich mir nicht entgehen.“

Ich lege auf. Nun muss ich nur höllisch aufpassen, dass ich rechtzeitig kündige, damit ich nicht künftig dreißig Euro zahle. Ob Herr Boll mich dann wieder anrufen wird? Vielleicht bekomme ich ja bei einer erneuten Vertragsverlängerung noch ein paar Kilo Käse extra.

DER STEINIGE WEG ZU LEVEL 5

Im Juli freuen wir uns besonders über Restaurantfotos von dir, lese ich im Betreff der Mail. Um Gottes willen, so weit ist es gekommen mit meinem neuen Hobby. *Fotografiere dein Frühstück, Mittag- und Abendessen oder Dessert,* fordert mich Google auf. *Nimm einen Bissen, lasse einige Krümel auf dem Teller liegen oder das Dotter aus dem Ei herausfließen. So erhalten deine Bilder eine persönliche Note.*

Ich bin stolz darauf, dass ich es bis heute geschafft habe, nicht ein einziges Mal mein Essen fotografiert zu haben. Und jetzt soll ich das einen ganzen Monat lang tun.

Dabei hatte es doch problemlos begonnen. Vor drei Monaten war ich auf das „Google Local Guide"-Programm gestoßen und hatte Interesse daran. Mein Smartphone teilte mir ohnehin ständig mit, wo ich mich gerade aufhielt und wollte wissen, wie ich es dort fand. Meine GPS-Antenne war gewissermaßen auf vollste Leistung gestellt, weil ich gerne meine Fahrrad-Workouts aufzeichnete – wenn ich denn mal Fahrrad fuhr – und zu faul war, das GPS immer ein- und wieder auszuschalten.

Also begann ich, Wertungen abzugeben. Ich vergab Sterne und schrieb kurze Beurteilungen im Stil von „Schöner Ort, gutes Essen, tolles Kulturprogramm". Und das über Orte wie Apotheken, Supermärkte, Kulturspielstätten und Bahnhöfe.

Dafür bekam ich Punkte. Wenn man die Orte dazu noch fotografierte und diese auf Google Maps hochlud, bekam man mehr Punkte. Die Punkte staffelten sich nach einem Levelsystem, in dem man sich bis zum Level 10 oder noch höher „skillen" konnte. Ab Level 5 wurde man auserkoren für die Rolle als Beta-Tester von Google-Produkten, von denen die übrige

Menschheit noch nichts wusste. Das reizte mich, denn wie alle Menschen strebte ich nach dem Besonderen, nach dem Alleinstellungsmerkmal, das mich von vielen anderen abhob oder gar einzigartig machte.

Aber bis zum Level 5 wird es ein weiter Weg mit vielen Orten und Plätzen und kurzen Einschätzungen, die eigentlich kaum einen Informationswert besitzen. Zudem nahm die Flut an Bewertungsanfragen von Google auf dem Telefon nicht ab. Und dann wurde das Local Guide Programm sogar noch um eine gut bepunktete Rubrik erweitert, wo ich Fragen zu dem jeweiligen Ort beantworten sollte. *Gibt es dort einen Parkplatz oder ein Parkhaus,* lautete die erste Frage, gefolgt von: *Kann man dort gut essen? Gibt es einen Bereich für Kinder? Ist der Ort erschwinglich oder teuer?*

Dumm nur, dass die Fragen immer nur zu den gleichen Orten gestellt wurden. Berlin scheint in der Vorstellung von Google wenig zu bieten zu haben.

Ab Level 3 erlangte ich Zugang zu der Community der Gleichgesinnten. Mit denen wollte ich aber nichts zu tun haben. Es gab tatsächlich Menschen auf der Welt, die sich der Verbesserung von Google Maps verschrieben hatten und sich sogar in real life trafen, um über ihre Arbeit zu sprechen. Vielleicht luden sie sogar einen Referenten von Google ein, der dann im Hinterzimmer des Gasthofs „Zum lustigen Trinker" über neue Entwicklungen sprach, während die Kellnerin, wenn sie das Hinterzimmer wieder verließ, den Kopf schüttelte oder glaubte, hier treffe sich eine Terrorgruppe zur Planung neuer Anschläge.

Andere verabredeten sich zur Restauranttour, wo sie dann durch irgendwelche Vergnügungsviertel zogen, alles fotografierten und augenblicklich bei Google Maps hochluden. Andere wiederum trafen sich, um Orte zu überprüfen, also neue Fotos zu machen oder ihre Beurteilungen zu überarbeiten.

Vermutlich handelte es sich bei all diesen Leuten um sozial gehemmte, die Anschluss suchten und sich nicht für eine Fußballmannschaft, Kegeln oder den IS entscheiden konnten.

Und was sie machten, machten sie mit Hingabe. Die Local Guide Community in Lagos, Nigeria, vermeldete ihr hundertstes Mitglied. Hatten die nichts Besseres zu tun? Na gut, bei einer Stadt mit achtzehn Millionen Einwohnern finden sich schon rein statistisch mehr Leute, die so ein merkwürdiges Hobby miteinander teilen. Hätte Berlin die gleiche Bevölkerungsdichte, dann gäbe es hier auch hundert Guides, die den ganzen Tag mit dem Handy oder dem Tablet durch die Stadt streiften, um nach Attraktionen zu suchen.

Ich stieß auf eine Diskussion über Abzeichen, die User auf ihr Profilbild bekommen, wenn sie ein gewisses Level erreicht haben. Manche waren schon auf Stufe 8 oder 10 und ich malte mir aus, wie oft diese Leute schon Fragen nach einem Parkplatz oder der Preisklasse eines Ortes beantwortet hatten. Und was konnten sie damit anfangen, draußen in der realen Welt? Auf Partys Leuten davon erzählen, die sich dann entschuldigten und das Weite suchten? Sich das Abzeichen aus Stoff nähen lassen und dann stolz an der Brust tragen?

Als ich neulich in den Urlaub nach Amsterdam fuhr, wurde es richtig stressig. Ob das vegane Café „Blushing“, das Van-Gogh-Museum, das Reichsmuseum, das Wissenschaftsmuseum oder die Bar „Happy Happy Joy Joy“, wo ich auf eine Hochzeitsfeier war, überall wollte Google eine Bewertung und am besten noch ein Foto.

Merkwürdigerweise war mein Handy bei dem „Happy Happy Joy Joy“, dessen Name so gar nicht zu meiner grundsätzlichen Laune passte, besonders hartnäckig. Es wollte die Öffnungszeiten wissen, forderte mich gar auf, zum Eingang zu gehen und die Tafel mit den Öffnungszeiten abzufotografieren oder schlimmstenfalls abzuschreiben.

Eine Stunde später die gleiche Aufforderung. Soll das doch die Community in Amsterdam machen, dachte ich mir und wischte die Aufforderung weg.

Eine weitere Stunde später las ich im Display: *Robert, es steht ein großes Update von Google Maps bevor. Google Maps wird besser und leichter bedienbar. Es fehlt uns allerdings eine Information, nämlich die Öffnungszeiten vom „Happy Happy Joy Joy". Bitte trage diese sofort ein, damit wir loslegen können.*

Genervt steckte ich das Handy wieder weg. Ich konnte diesem Irrsinn nur entfliehen, wenn ich die Party verließ und die Unterkunft aufsuchte. Von der nämlich wollte Google Maps nichts wissen. Logisch, denn die Absteige war so schlimm, dass niemand nicht einmal eine schlechte Wertung für sie abgegeben hatte, so dass der Ort auf Google Maps gar nicht erst verzeichnet war.

Und jetzt also Restaurantfotos. Dotter aus dem Ei herausfließen lassen und Krümel auf dem Teller verteilen. Wenn mich jemand bei so etwas beobachtet, ruft er möglicherweise den Psychiatrischen Notdienst. Nee nee, ich denke, ich bleibe bei Fragen zu Parkplätzen und zu den Kosten. Und das mache ich nur dann, wenn ich dazu Lust habe und das wird immer seltener.

GEDÄCHTNISVERLUST

Schon lange bin ich der Meinung, dass Facebook überflüssig ist. Es raubt Lebenszeit und Hirnzellen. Die meisten Leute können sich am Tag danach nicht an die Postings vom Vortag erinnern.

Ich dagegen scheine die Informationen wie ein Schwamm aufzusaugen. Wenn ich Leute treffe, spreche ich sie drauf an: erwähne Postings, Kommentare zu diesen, Aktivitäten von Freunden, Likes für irgendwelche Seiten oder hinterfrage, warum sie plötzlich rechts geworden sind. Meine Gegenüber scheinen davon aber bald überlastet zu sein. Sie verstehen nicht, was ich von ihnen will und wollen das Thema wechseln.

Das frustriert mich und führt oft zu der Überlegung, bei Facebook auszusteigen und wieder ein reales Leben zu führen. Aber die Sorge vor einem tiefgreifenden Verlust in meinem beinahe sterbenslangweiligen Alltag hält mich bislang davon ab.

Manchmal aber hält diese Plattform noch Überraschungen für mich parat, gerade dann, wenn sie mir einen Einblick in ein längst zugeschlagenes Kapitel meiner Lebensgeschichte gibt. Das erlebte ich kürzlich mit dem Posting eines Lesebühnenkollegen aus München. Der berichtete, dass er in Nürnberg sei, dort einen Auftritt habe und lobte die Örtlichkeit, die sich kaum verändert habe, obwohl er das letzte Mal vor dreiundzwanzig Jahren dort gewesen sei.

Ich rief Google auf und suchte nach dem Ort. Auf der Startseite standen die Programmhighlights des Monats und an oberster Stelle die Ausstellung des bildenden Künstlers Sven Drühl. Augenblicklich öffnete sich in meinem Hirn eine lang verschlossene, staubige Schublade. Sven Drühl, den Namen kannte ich irgendwoher. Aber woher nur? In meinem Kopf wurde nach weiteren Verknüpfungen gesucht. Woher? Aus Nassau an der Lahn. Oha, einer aus der Heimat, meine Güte.

Wann? Ich habe seit mehr als siebzehn Jahren keine Bindungen mehr dorthin. Wann genau? Jugend oder Kindheit? Hier blieb mir meine Erinnerung eine Antwort schuldig. Also suchte ich auf Facebook nach ihm, wurde fündig und hoffte, durch ein Wiedererkennen auf einem Foto eine Verbindung herstellen zu können. Fehlanzeige. Zwar fand ich Fotos von ihm, aber offenbar mussten wir uns vor langer Zeit gekannt haben. Ich schickte ihm eine Freundschaftsanfrage. Zudem schrieb ich ihm auch eine Nachricht und nannte meinen richtigen Namen und eine geografische Angabe, für den Fall, dass er, anders als ich, bei Freundschaftsanfragen nicht das Profil des Anfragenden durchsah. Aber eigentlich war das sinnlos. Die Nachricht landete im Ordner „Sonstiges", in den man alle zwei Jahre mal reinschaute, um dann festzustellen, wie viele, womöglich wichtige Anfragen an einem vorbeigegangen waren.

Wie das Leben so spielt, dachte ich kurz darauf, als ich mir sein Profil näher ansah. Er wohnte ebenfalls in Berlin, hatte also auch die Schnauze voll gehabt von der Provinz. Und jetzt lebten wir beide hier und wussten nichts voneinander. Wenn ich nicht dem Posting des Münchener Kollegen diese Aufmerksamkeit entgegengebracht hätte, dann wäre ich vermutlich nie auf ihn gestoßen.

Berlin ist ein Dorf, dachte ich kurze Zeit später, als ich einen Seitenblick auf seine Freundesliste warf. Zwei gemeinsame Freude: zum einen Axel, der Herausgeber des Wedding-Magazins, und zum anderen Markus, ein Nachbar von mir aus dem vierten Stock, der ebenfalls bildender Künstler ist. Kaum vorstellbar, dass ich zu einer anderen Zeit Markus im Flur getroffen hätte, der mir erzählt, dass er auf dem Weg zu einer Ausstellung von Sven Drühl sei. Ich wäre sofort wie erstarrt stehengeblieben und hätte nachgefragt.

Zwei Tage lang passierte nichts. Konnte er mit meinem Profil nichts anfangen?

Er konnte zwar sehen, dass ich auch aus Nassau an der Lahn stammte, aber vielleicht interessierte es ihn überhaupt nicht. Einen Tag später nahm er die Anfrage schließlich an, beantwortete aber, wie erwartet, nicht meine Nachricht. Ihn erneut anschreiben wollte ich nicht. Womöglich hatte er die Nachricht doch wahrgenommen, hielt es aber nicht für nötig, darauf zu antworten.

Noch immer war es mir nicht gelungen, ihn zeitlich einzuordnen. Ich kam auf eine Idee. Eine weitere Verbindung zu meiner Heimat war Klaus.

„Ich bin jetzt auf wunderliche Weise mit Sven Drühl befreundet“, schrieb ich ihm. *„Sagt der dir was? Ich kann den nicht einordnen. Schule? Freizeit? Mit dir oder ohne dich? War der nett oder doof?“*

Die Antwort kam kurze Zeit später. Klaus saß nämlich den Tag über am Computer. Derzeit verdiente er sein Geld vorrangig mit Internet-Handel und war groß ins Geschäft mit dem Verkauf von Haarpflegeprodukten auf eBay und Amazon eingestiegen.

„Ja, der war mit uns in der Grundschule. Hat oben im Bonzenviertel gewohnt. Über den bin ich schon mal gestolpert. Der war in Ordnung.“

Typisch Internet-Nerd, dieses „Über den bin ich mal gestolpert.“ Wahrscheinlich besaß Klaus alle möglichen Klassenfotos und hat die Namen mal gegoogelt. Überhaupt, wo waren meine Klassenfotos? Ein Fotoalbum habe ich, fiel mir ein. Ich ging zum Schrank und kramte es raus. Es war dick gefüllt, also musste sich da was finden lassen. Nach einer halben Stunde und einer gehörigen Portion Gefühlsduselei war ich dennoch enttäuscht. Nur Sauf-Fotos aus der Zeit bei der Bundeswehr im gesamten Album.

Ich setzte mich wieder an den Schreibtisch und antwortete Klaus. Wie machte er das bloß mit all den Erinnerungen an früher?

„Vielen Dank für die Info! Dann weiß ich jetzt, dass aus drei Nassauern was geworden ist. Ein erfolgreicher Künstler, ein prekärer Kleinkünstler und ein eBay-Powerseller. Der Rest dümpelt vor sich hin …“

Zwei Minuten später kam die Antwort:

„Katja Bilo hat es auch noch zu einiger Berühmtheit gebracht.“

Augenblicklich sprang in meiner Erinnerung wieder eine Schublade auf. Katja Bilo, natürlich! Wie hatte ich sie vergessen können? Meine Güte, mit welcher Selbstverständlichkeit Klaus die Namen raushaute, unglaublich! Wüsste ich weitere Namen, so konnte er mir sicherlich zu jedem Einzelnen was berichten. Ich musste fast glauben, irgendetwas hatte mir meine Erinnerungen geraubt. Ein Geheimprojekt der Bundesregierung? War ich mal wichtig gewesen? Oder ein Gedächtnisverlust nach einem Unfall? Oder einfach nur Facebook?

Ich schrieb:

„Ich glaube, ich habe alles vergessen. Der Name sagte mir sofort etwas, aber da ist keine Erinnerung mehr. Auch Grundschule oder später? Was habe ich damals für Drogen genommen?“

Die Antwort von Klaus:

„Grundschule. Droge = Chemiewassereis“

Ich schaute mir die Website von Katja Bilo an. Sie hatte in späten Jahren noch ein Studium der Fotografie in Leipzig begonnen. Davor hatte sie ein Jahrzehnt in der wissenschaftlichen Forschung gearbeitet. Warum dieser Bruch in der Biografie? Was war da passiert? Vielleicht der übliche Lebenslauf von Frauen aus der Provinz. Früh geheiratet, Kinder bekommen und großgezogen, bis die aus dem Haus waren und den Mann beerdigt. Danach ein neues Leben begonnen. Wo wohnte sie heute?

In Leipzig? Nein, in Berlin!

Wahnsinn, drei Nassauer, drei Künstler und alle in Berlin. Ob es noch mehr gibt?

Als ich Katja Bilos Facebook-Profil aufrief, sah ich, dass sie mit Sven Drühl befreundet war. Jaja, bildende Künstler und

Fotografen. Die besuchen sich immer gegenseitig auf ihren Ausstellungen, trinken Sekt bis zum Abwinken und finden heraus, dass sie auf die gleiche Schule gegangen sind.

Na, da mache ich jetzt mal so etwas wie eine Dreieinigkeit draus, dachte ich mir, und schickte ihr eine Freundschaftsanfrage.

Diese nahm sie an, aber mir dämmerte in dem Moment, dass wir zwar voneinander immer mal etwas über die Timeline von Facebook erführen, aber eigentlich würden wir uns so fern bleiben wie zuvor.

FAKTENCHECK

Der Vorwurf eines Kollegen belastet mich. Er hat behauptet, dass ich zu einer bestimmten Personengruppe zähle, weil ich auf einen gewissen Sachverhalt großen Wert lege. Damit möchte ich mich nicht abfinden. Deshalb liegt auf meinem Schreibtisch eine Checkliste. Auf der sind ein paar Punkte vermerkt und ich will herausfinden, ob er recht hat.

Punkt eins lautet *Waffen*. Ich habe keine Waffen und ich halte nichts davon. Moment – das stimmt nicht. Ich besitze einen Baseballschläger. Den habe ich vor etwa fünfundzwanzig Jahren bei Toys "R" Us gekauft und seitdem nicht benutzt. Baseball spielen wollte ich nicht und einen Grund, jemanden totzuschlagen, gab es damals auch nicht. Ich glaube, die Faszination lag einfach darin, einen Baseballschläger zu kaufen und zu besitzen, mehr nicht. Das war damals noch eine Besonderheit, das konnte man nicht einfach so. Vor allem in einer Kleinstadt fehlte dazu die Möglichkeit.

Als ich zwei Jahrzehnte später in den Wedding zog, bekam ich eine Ahnung, was ich mit dem Schläger anfangen könnte.

Aber erst seit der Zombie-Serie „Walking Dead“ habe ich die Gewissheit, wozu ich den Schläger brauche: Ich muss vorbereitet sein für eine Zombie-Apokalypse.

Punkt zwei lautet *Steuern*. Ich zahle Kapitalertragssteuer und einen Solidaritätszuschlag für mein kleines Tagesgeld-Vermögen. Kapitalertragssteuer etwa ein Euro fünfzig im Jahr und den Soli in Höhe von vierundzwanzig Cent.

Generell habe ich nichts gegen Steuern, finde aber, dass man Zinserträge nicht besteuern sollte.

Außerdem: Wie sollen meine vierundzwanzig Cent denn dem Aufbau im Osten helfen?

Andere Steuern zahle ich wegen geringfügiger Einnahmen nicht. Wäre es anders, wäre ich wohl gegen Steuern, oder? Käme vielleicht darauf an, in welcher Höhe sie wären. Ich bin unschlüssig. Bin ich jetzt dafür oder dagegen?

Ich male ein Fragezeichen hinter die Frage. Ich glaube, dass viele Leute insgeheim gegen Steuern sind, aber da käme der Kollege nicht auf die Idee, sie zu dieser bestimmten Gruppe zu zählen.

Komme ich zu Punkt drei. Ich hole meinen *Personalausweis* aus der Brieftasche und betrachte ihn. Ich habe nichts gegen ihn, er stört mich nicht. Den ziehe ich hervor, wenn ich an einem Automaten Zigaretten kaufe oder mich die Verkäuferin im Aldi für unter achtzehn hält, wenn ich Schnaps erstehen will. Zugegeben, das ist noch nie vorgekommen, aber es kann ja mal passieren, dass die Kassiererin blind ist oder mir ein besonderes Kompliment machen möchte.

Für solche Fälle habe ich einen Ausweis. Ich stecke ihn wieder in die Brieftasche und hake den Punkt ab.

Der nächste Punkt lautet: *Bin ich der Ansicht, dass das Deutsche Reich noch existiert?* Nein, das schließe ich aus. Ich bin in der BRD aufgewachsen. Das Deutsche Reich war zwar ständig im Fernsehen präsent, weil beinahe täglich eine Dokumentation über Hitler, Stalingrad oder die Westfront lief, aber in den Nachrichten hat niemand behauptet, dass es das Deutsche Reich noch gibt.

Als Kinder haben wir im Wald Cowboy und Indianer gespielt, aber nie Deutsches Reich und Nazis. Wir wussten, das hätten die Eltern nicht gerne gesehen. Wenn ich mich recht erinnere, gab es oft einen Jungen, der den Anführer gespielt hat, aber der nannte sich nie Hitler oder Goebbels, sondern Häuptling

Minschuko oder Little Joe oder wenn er tumb war, dann so, wie er hieß, also Klaus oder Torsten.

Die Eltern sprachen mit uns nie über die Vergangenheit, und wenn wir fragten, wichen sie aus. Einmal fragte ich meine Mutter nach Adolf Hitler, während sie gerade eine Dokumentation über Joseph Goebbels und den Endkampf um Berlin schaute. Sie meinte, das sei halt Fernsehen und schickte mich spielen.

Ich schweife mit meinen Gedanken ab, ich muss mich konzentrieren. Ich schreibe hinter Punkt vier: „Kein Bezug zu dem Thema."

Letzter Punkt: *Erkenne ich die Bundesrepublik Deutschland als souveränen Staat an?* Ja, das tue ich. Habe ich kein Problem mit.

Ehrlich gesagt ist es mir egal, in welchem Land ich lebe. Ich könnte auch in Großbritannien, Belgien oder Kroatien leben. Aber es ist halt die Bundesrepublik Deutschland geworden. Ich bin Deutscher und fühle mich auch als Europäer. Und ich bin Berliner und ich bin Weddinger. Das Letztere mit allergrößter Überzeugung.

Was ich auf keinen Fall bin, ist ein Einwohner von Mitte, auch wenn mich die Obrigkeit dazu erklären will. Ich lehne die Berliner Bezirksreform von 2001 strikt ab. Der Wedding ist *nicht* Teil des „neuen" Bezirks Mitte und ich bin mit meiner Forderung nicht alleine. Viele Weddinger bezeichnen sich bis heute so, keiner sagt von sich, dass er in Mitte wohnt. Und auch die Zugezogenen sagen, dass sie im Wedding wohnen. Niemand hier akzeptiert die Zwangszuordnung nach Mitte. Mitte erzeugt keine Identität, weder kulturell noch patriotisch.

Und ich lasse meine Heimat nicht durch die Bezirksreform zu einem Ortsteil degradieren! Der Wedding ist ein Bezirk, und zwar ein eigenständiger und kein Ortsteil. Ortsteile gibt es auf dem Land, aber nicht in der Stadt.

Der Wedding wurde bei der Bildung Groß-Berlins 1920 geschaffen und es gibt für mich keinen Grund, ihm die

Autarkie achtzig Jahre später zu nehmen – nur, um den charakterlosen, blutleeren Bezirk Mitte mit seinem Regierungsviertel und den ganzen Unternehmenszentralen räumlich zu vergrößern. Damit hat der urbane Wedding nämlich nichts am Hut. Hier gibt es keine Schlipsträger, Start-Up-Fuzzis und Lobbyisten. Hier gibt es Hundescheiße, Alkis, Spätkäufe und gescheiterte Existenzen.

Und dann dieser vergebliche Versuch, den Wedding auszulöschen, indem man den Namen gar nicht mehr führt. Kein „Mitte-Wedding", nein, einfach nur Mitte. Genauso erging es den Leuten im Prenzlauer Berg, die jetzt in Pankow leben sollen. Nein, da regt sich der gesunde Volkszorn in mir. Nicht mit mir, ihr da oben, nicht mit mir!

Ich nehme die Checkliste und zerreiße sie.

„Reichsbürger vom Wedding" hat mich der Kollege genannt. Von wegen! Meine Checkliste, die ich mit gutem Gewissen und nach objektiver Validierung abgehakt habe, hat ein anderes Bild ergeben. Dem Kollegen werde ich, wenn ich ihn das nächste Mal sehe, die Meinung geigen.

ES MUSS SCHNELL GEHEN

Ups, jetzt ist es passiert. Dabei passe ich doch jedes Mal genau auf. Aber das neue Brotmesser, angeblich ein japanisches Santokumesser aus zwanzigfach gewalztem Stahl, vierzigfach gehärtet und fünfzehn Mal geschärft, trifft auf einen alten Brotlaib, dessen Konsistenz daran glauben lässt, dass man damit jemanden erschlagen könnte. Ergebnis: Die Klinge rutscht ab, schlägt auf meinen linken Zeigefinger und durchtrennt ihn. Ich spüre keinen Schmerz, noch nicht. Aber ich bin sehr, sehr verwundert und fühle mich beschämt, dass mir das passiert ist.

Okay, das hat jetzt niemand mitbekommen, aber das Malheur wird Folgen haben, das kann ich nicht einfach mit einem Zewa wegwischen. Die Leute werden Fragen stellen und ich werde Auskunft geben müssen. Es wird ein großer Spaß – nur nicht für mich.

Andere würden jetzt aufschreien oder ohnmächtig werden, aber ich sitze ruhig da und betrachte die Hand und den Finger. Normalerweise bilden sie eine Einheit, aber jetzt sieht das merkwürdig aus und das macht mich nachdenklich. Der Blutkreislauf überlegt auch, was geschehen ist, aber ich bin sicher, er wird schneller und deutlicher auf das Ereignis reagieren als mein Gehirn.

Es spritzt und ich denke mir: Was für eine Sauerei. Was soll ich tun? Aufwischen? Die Hand unter den Wasserhahn halten? Die Feuerwehr rufen? Deren Wache ist nur knapp eineinhalb Kilometer entfernt, aber kümmern die sich auch um abgetrennte Gliedmaßen? Was ist, wenn die mich abweisen und ich dadurch kostbare Zeit verliere? Direkt meinen Hausarzt anrufen? Ich schaue zur Uhr auf dem Küchentisch. Der hat jetzt nicht geöffnet.

Das Krankenhaus, kommt mir in den Sinn. Das scheint die Lösung zu sein. Soll ich anrufen und fragen, ob sie noch Kapazitäten frei haben? Ob sie, wenn ja, vielleicht einen Wagen schicken könnten, das würde mir jetzt helfen.

Ich höre den Nachbarn über mir durch die Wohnung laufen. Natürlich, ich werde ihn fragen, ob er mich hinbringen kann. Aber was mache ich mit dem Finger? Der liegt auf dem Tisch. Blut tropft aus ihm heraus. Die linke Hand dagegen fängt leicht an zu zittern, während das Blut immer noch spritzt. Die Küche sieht aus wie die Kulisse eines Kettensägenmassakers. Herrgott, wie lange dauert es, bis es lebensgefährlich wird?

Soll ich den Finger mit Eiswürfeln transportieren? Geht nicht, ich habe zwar ein Gefrierfach, aber keine Eiswürfel. Einen Verband um den Finger wickeln? Quatsch, den brauche ich für die Hand. Verdammt, ich habe nicht einmal einen Erste-Hilfe-Kasten im Haus! Höchstens eine Packung Pflaster und ich weiß nicht, wo.

Frischhaltefolie um den Finger und die Hand? Von der Bezeichnung her scheint das eine gute Lösung zu sein. Oder lieber Alufolie für den Finger? Die müsste warmhalten und das wäre doch sicherlich hilfreich, wenn es darum geht, den Finger wieder zu replantieren.

Mir fällt ein, dass mir meine Partnerin mal erzählt hat, dass es den Irrglauben gibt, in einem solchen Fall solle man sich den Finger in den Mund stecken. Das sei, so meinte sie, gefährlich wegen der Keime im Mund.

Egal, den Finger kann ich zur Not verschmerzen oder lasse mir eine Prothese machen. Eine aus Titan oder Gold vielleicht. Das sieht bestimmt schick aus.

Es muss schnell gehen. Ich habe keine Zeit, um den Computer hochzufahren und zu googlen, was ich machen muss. Ich nehme den Finger und stecke ihn mir in den Mund. Die Zunge wehrt sich gegen den Fremdkörper. Hoffentlich muss ich nicht kotzen und verliere den Finger. Ach, jetzt ist alles egal. Ich springe auf, stecke die linke Hand in die Hosentasche, öffne die Tür und renne hoch zur Wohnung des Nachbarn.

„Hallo, Robert, wie geht es dir?", begrüßt er mich. Ich hasse Small Talk generell und gerade jetzt ist am allerwenigsten Zeit und Anlass dafür. Schade, ich hatte gehofft, er hätte eine rasche Auffassungsgabe.

„Hmbhmbmhhmbh", erkläre ich kurz.

„Was fehlt dir? Hast du dich verletzt?"

„Hmbhhmbhhmbh."

„Ja, das leuchtet mir irgendwie ein. Was kann ich konkret tun? Ich brauche mehr Infos."

„Hmbmhhmbhhmbh."

„Robert, irgendwie machst du mir Angst mit deinem Gebrabbel. Also, ich weiß jetzt wirklich nicht, wo der konkrete Handlungsbedarf liegt."

Er müsste nur auf meine Hose schauen, um das herauszufinden. Ein dunkler Fleck nässt alles bis zu den Knien ein. Er lässt mir keine Wahl. Ich nehme die Hand aus der Hosentasche und halte sie ihm entgegen. Blutspritzer verteilen sich auf seinem plötzlich erschrockenen Gesicht.

„Oh mein Gott", ruft er. „So viel Blut! Das ertrage ich nicht."

Dann sackt er vor mir zusammen.

Ach verdammt, was mache ich jetzt?

Soll ich es noch bei allen anderen Nachbarn im Haus probieren? Bei jedem einzelnen klingeln und einen Moment abwarten, ob mir geöffnet wird?

Nein, das kostet zu viel Zeit. Es gibt nur noch eine Möglichkeit und ich ergreife sie zu spät. Ich renne die Stufen herab, runter in den Hof, dann auf die Straße. Das Virchow-Klinikum ist auch nur zwei Kilometer entfernt. Was für ein Glück mit meiner Wohnlage, denke ich. Im Brandfall gibt es schnelle Hilfe und zum Krankenhaus kann ich laufen, sofern ich noch kann.

Ein Taxistand vor dem Haus wäre jetzt die Krönung, aber man kann ja nicht alles haben im Leben. Ich presse den Ärmel des Pullovers auf den Fingerstumpf. Mist, den trage ich schon seit Wochen, der gehört eigentlich in die Wäsche. Ob der Keime hat? Ich hätte einen frischen anziehen sollen.

An der roten Ampel hupt ein Autofahrer. Ich strecke ihm den Mittelfinger der blutigen Hand entgegen. Ich hoffe, er erkennt das Zeichen. Mein Gang wird schwer, ich spüre Müdigkeit.

Ich schleppe mich entlang am Friedhof Seestraße und denke mir, wie praktisch es ist, dass die Gottesacker oftmals neben Krankenhäusern liegen. Da ist es ja nicht weit, wenn es keine Hilfe mehr gibt. Ich wechsele die Straßenseite und torkle die Einfahrt entlang. Ich glaube, die Wunde blutet nicht mehr. Es ist kein Blut mehr im Körper. Alles in der Küche, beim Nachbarn, im Hausflur, auf der Straße und an der dritten Ampel, an der ich beinahe aufgegeben hätte. Mir wird schwarz vor Augen. Ich denke, in Zukunft kaufe ich nur noch Schnittbrot.

Dann überlege ich: Wenn das mein letzter Gedanke auf Erden war, dann ist es ein ziemlich blöder.

Den finde ich besser.

Ich sacke zusammen.

EBENFALLS ERSCHIENEN

ROBERT RESCUE: „Eimerduschen – Ein Opfer packt aus“ (Buch & CD)

Der Dramödien erster Teil.
Klappenbroschur 130 S., 60 min., 19 x 13,5 cm,
print ISBN: 978-3-943876-52-9
ePub ISBN: 978-3-943876-32-1

Pech hat jeder mal, aber manche Menschen kennen nichts anderes. Robert Rescue ist so ein Mensch. Ob bei der Bundeswehr, beim Jobcenter oder im Clinch mit der Hausverwaltung, überall steht er in der Schlange und kommt als einziger nie dran. Er ist immer etwas zu spät, zu ehrlich oder zu nett.

ROBERT RESCUE: „Zum Glück hab' ich wenigstens Pech“(Buch & CD)

Der Dramödien zweiter Teil.
Klappenbroschur 138 S./77 min., 19 x 13,5 cm,
ISBN: 978-3-95996-000-7

Ein wohlüberlegter Anmachspruch zieht nicht, die mühsam gesammelten Payback-Punkte reichen höchstens für einen Kugelschreiber und das Jobcenter stellt sich quer, weil die Berufsbezeichnung „Autor“ im System nicht existiert. Ein paar hartnäckige Zwangsneurosen machen Robert Rescue zudem das Leben schwer und selbst der eigene Klon nimmt ihn nicht ernst.

ROBERT RESCUE:
„Der Intimitätendieb“

Ein Hexen-Thriller, Berlin-Fiction vom Terry Pratchett des Wedding.
Buch, Softcover, 20,6×13,5 cm
ISBN: 978-3-943876-68-0,

Berlin im August 1999.

Der Zirkel der Berliner Hexen hat ein gravierendes Problem. Obwohl sie nach den Gesetzen der Anonymität leben, ist ihnen ein skrupelloser Mörder auf den Fersen. Die junge, naive Hexe Tasha Me bekommt den Auftrag, ihn ausfindig zu machen. Hilfe findet sie bei Hakim, dem Intimitätendieb, der die Geheimnisse von Menschen ausspioniert und sie in der temporären Kneipe, einer zwielichtigen Spelunke im Hier und Nirgendwo, verkauft.
Doch nicht nur sie sind dem Mörder auf der Spur. Auch Kriminalkommissar Brückmann ermittelt in dem Fall und kann kaum glauben, was er herausfindet ...

Wir liefern Innerhalb Deutschlands versandkostenfrei

WWW.PERIPLANETA.COM

WWW.VISIONUNDWAHN.WORDPRESS.COM

WWW.ROBERTRESCUE.WORDPRESS.COM

INHALT